# 会计核算基础

KUAIJI HESUAN JICHU

刘昭满　李建华　◎编著

暨南大学出版社
JINAN UNIVERSITY PRESS

中国·广州

图书在版编目（CIP）数据

会计核算基础/刘昭满，李建华主编．—广州：暨南大学出版社，2011.9
ISBN 978－7－81135－907－7

Ⅰ.①会… Ⅱ.①刘…②李… Ⅲ.①会计—教材 Ⅳ.①F23

中国版本图书馆 CIP 数据核字（2011）第 136607 号

出版发行：暨南大学出版社

地　址：中国广州暨南大学
电　话：总编室（8620）85221601
　　　　营销部（8620）85225284　85228291　85228292（邮购）
传　真：（8620）85221583（办公室）　85223774（营销部）
邮　编：510630
网　址：http：//www.jnupress.com　http：//press.jnu.edu.cn

排　版：广州市天河星辰文化发展部照排中心
印　刷：**湛江日报社印刷厂**

开　本：787mm×1092mm　1/16
印　张：12.25
字　数：300 千
版　次：2011 年 9 月第 1 版
印　次：2011 年 9 月第 1 次

定　价：24.80 元

# 目 录

# 前言

经过多年对本专科学生的教学，我们发现基础课程相当重要，如果学习者不能够从基础课程的教材中获取更多的知识，则会影响到后续课程的学习。尽管教师能够通过授课，把应该传授的课程知识“灌输”给学生，但这只是基本途径之一；从授课的效果来看，如果能够从教材入手，把教材与“授课”过程结合起来，则可能效果更好。那么，从《会计核算基础》相关的课程来看，目标是能够让学习者获取“理论”和“实践”相结合的知识，并且重视“有效”结合，即对“理论”知识更侧重系统性、完整性、内在联系性，对“实践”知识更侧重具体性和感性方面，注重结合的过程、提炼的过程、两者相互影响的过程、对影响因素的分析过程以及解决问题的过程。

这一教材的特点主要有两个方面：一是原理部分更侧重于“理论”与“实践”相结合，并努力描述“理论”知识的内在联系，以求达到系统性、完整性的效果，因为原理部分如果没有系统性、完整性的特点，并不能够把该课程的各部分知识有效地结合起来。二是重视了对“实践”部分的撰写，如在第四章主要经济业务的核算，列举的例子力求涉及业务类型多样化；在第八章，列示出来的会计账簿登记结果经过了系统性、完整性的思考，能更好地应用于会计工作中，让读者能够有更为具体的感性认识。

感谢广东省鹤山一中刘雪松和江门职业技术学院李建华老师，以及其他对本教材提供帮助的人。

编　者

2011 年 3 月 29 日

# 第一章 概 论

## 第一节 会计的含义和特点

会计是在人们的社会生产活动过程中产生的，并和有联系的学科相互促进，稳步向前发展。在发展过程中，人们对会计的定义有不同的观点，有的人认为会计既然是管理工作的一部分，当然与核算单位的“管理”工作是分不开的，并发挥着与“管理”职能相称的作用；有的人认为会计的主要任务是提供各种会计信息，既然履行的主要职能是反映，则应该主要是以“反映”者的身份参与到核算单位的工作中。为了能够给会计一个较为准确的定义，应该考虑会计在核算单位的职责划分，应该考虑会计在核算单位应完成的职能，应该考虑会计在核算单位所需要起到的作用。

通过对会计在核算单位的职责、职能和所起作用的分析，可知会计在核算单位不仅仅只是起到了反映作用，还具有多项管理职能，甚至还会涉及大集团相关的事务。因此，在会计的定义中应该包括这些内容。

会计是对核算单位的主要以资金运动形式表现的经济业务活动，进行全面、连续、系统、综合的反映和监督，目的是提高经济效益和提供会计信息，并在此基础上，通过分析、预测计划、决策、控制等活动实现在管理中的职能，以及参与集团的事务。

会计的主要特点：

（1）会计是对核算单位主要以资金运动形式表现的经济业务活动进行反映和监督。

货币是人类社会发展进步的产物，是历史发展过程的必然结果，因此，会计核算主要以货币进行计量也是一个情理之中的事。涉及核算单位资金运动的经济业务会改变核算单位的资金状况（包括通过实现经营成果后影响到核算单位的资金状况），因此，会计理应进行反映和监督。

（2）会计的目的是提高经济效益和提供会计信息。

会计的主要目标之一就是提高经济效益。对核算单位主要以资金运动形式表现的经济业务活动进行反映和监督，如果目标不是提高经济效益是不可想象的，也不符合社会再生产的整体目标，因为社会是要向前发展和进步的，当然与之相适应的经济活动的目标也是旨在提高经济效益。

会计在对核算单位主要以资金运动形式表现的经济业务活动进行反映和监督的同时，

应该遵循会计准则制度的规定。除了内部管理使用的，包括分析、预测计划、决策、控制等活动涉及的各种会计信息不需要对外提供外，按照规定要求编制的财务会计报告必须对外公布。如果没有反映和监督的过程，则没有办法编制出符合要求的财务会计报告。

（3）会计具有多项管理职能。

会计的多项管理职能的实现是建立在“反映和监督”的基础上的。试想，如果没有对核算单位的资金运动进行反映，有什么会计信息可以用来进行预测计划？有什么会计信息可以用来进行决策、控制？

在会计的职责中，“分析”贯穿于会计工作的整个过程。在预测计划过程中也要进行分析，决策、控制过程中要进行分析。各项会计工作如果没有经过分析，所进行的预测计划可能是不准确的，所进行的决策可能是无效的，所进行的控制也不一定能够达到目标。

预测计划是会计工作的照明灯，对会计工作起着导航作用。因此，在会计工作中，预测计划要做得准确，充分利用会计信息是关键。在会计工作中，可能有的决策过程不是会计人员独立完成的，但如果没有会计人员的参与，有的决策所利用的会计信息就不一定全面，难以做到决策及时，决策结果就不一定符合要求。对核算单位的生产经营等活动过程的控制，有较多是从提高经济效益的角度考虑进行的。没有会计信息，所进行的控制活动是不注重经济效果的，所进行的控制过程是盲目的。

（4）会计参与集团的事务。

集团的与会计信息有关的事务，需要会计人员的参与。

## 第二节　会计的职能和作用

会计的职能是会计在实现目标过程中具体履行和表现的功能，会计具有多项职能。会计的基本职能是核算和监督。

会计在核算单位的生产经营等活动中发挥着极为重要的作用，具体表现在：

### 1. 通过核算过程，产生基本的会计信息

通过会计核算过程，能够产生基本的会计信息，为什么说是基本的会计信息呢？是因为核算是会计的基本职能，会计的对象是核算单位的主要以资金运动形式表现的经济业务活动，并且会计信息是全面的、连续的、系统的、综合的，其他职能在实现时大多要有效地利用这些会计利息，如果没有充分利用这些会计信息，则大多职能可能是空洞无物的，效果很难说是可观可测的。

### 2. 对核算单位的生产经营等活动进行监督

会计能够对核算单位的生产经营等活动进行监督，因为会计能够清楚了解核算单位所发生的主要以资金运动形式表现的经济业务活动是否符合相应的指令、计划、法规、准则制度，记录的会计信息是否与发生的经济业务内容相符，各种会计业务处理是否符合会计准则制度的要求，编制的财务会计报告是否符合会计信息需要者的要求等。

3. 对外提供规定的财务会计报告

会计准则制度规定，核算单位应该编制中期财务会计报告和年度财务会计报告，编制财务会计报告的目的是满足各种对会计信息的需要者的需要。会计信息的需求者能够通过财务会计报告了解到核算单位的资金状况、经营成果、现金流量、所有者权益变动、偿债能力、资金结构、资金周转、赢利能力等情况。

4. 实现或参与实现多项管理职能

会计的职能不仅是核算和监督，它还为核算单位的生产经营等活动提供计划、决策和控制，以实现或参与实现会计的多项管理职能。

5. 为集团事务提供会计信息

集团事务可能涉及多个核算单位，因此，集团事务依赖于各核算单位的会计履行职能，会计为集团事务提供会计信息。

# 第三节 会计的核算基础和计量

## 一、会计核算基础

会计核算基础主要有两种：收付实现制和权责发生制。这两者的主要区别在于收入、费用、有关收支的计入期间问题。收付实现制是以实际发生收付的期间作为收入、费用、有关收支的计入期间；权责发生制是以应计入的期间作为收入、费用、有关收支的计入期间。正是这两者在确定收入、费用、有关收支的计入期间的标准不同，造成了两者在会计核算方面存在差异。

权责发生制因为应计入的期间与实际发生收付的期间可能不相同，因此，在解决核算的问题上，需要多设置一些会计（科目）账户来进行核算。如果从收付实现制到权责发生制这个方向来考虑计入期间的差异问题，则需要进行以下六个方面的账项调整：

### （一）本期实现的收入，尚未收到账款的账项调整

核算单位在某一会计期间将库存商品销售出去，如果双方约定是赊销，则核算单位在该会计期间并没有真正收到货款。按照收付实现制，因为没有真正收到货款，因此不能确认为收入；按照权责发生制，应确认为本期收入，并且为了解决应计入的会计期间与实际收到货款的会计期间不同的问题，应设置“应收账款”账户。类似的还有“其他应收款”、“应收票据”、“应收股利”、“应收利息”等账户。

### （二）本期已经发生的费用，款项尚未支付的账项调整

核算单位在年初向银行借入的为期半年的短期借款，按月计算利息，按季支付。在

1 月份结束时，核算单位实际已经使用了该借款 1 个月，应该支付 1 个月的利息，但双方约定是按季支付，因此，存在一个利息费用支付的会计期间与应计入的会计期间不同的问题。按照权责发生制，1 月份应计入该利息费用，并且为了解决应计入的会计期间与实际支付利息费用的会计期间不同的问题，应设置“应付利息”账户。类似的还有“应付账款”、“应付票据”、“应付股利”、“其他应付款”等账户。

**（三）本期已收款，但尚未发生销售业务的账项调整**

核算单位已收到购货单位支付的预付款，但实际销售业务可能要待到两个月后。为了解决收到购货款与实际发生销售业务的会计期间不同的问题，应设置“预收账款”账户。

**（四）本期已付款，但尚未发生购货业务的账项调整**

核算单位已经向供应商支付了购货款，但实际购货业务可能要待到几个月后。为了解决支付购货款的会计期间与实际发生购货业务的会计期间不同的问题，应设置“预付账款”账户。

**（五）各种结算的账项调整**

除了上述经济业务可能产生债权债务结算关系外，为了解决与别的单位或个人之间的结算关系可能存在的应计入的会计期间与实际收支的会计期间不同的问题，应设置“应付职工薪酬”、“应交税费”等账户。

**（六）各种资产价值变化过程的账项调整**

核算单位在生产经营等活动过程中，有的资产的价值可能发生减值，核算单位可以计提各种减值准备，但该项资产是否真正发生减值则要待到对该项资产的有关处置业务发生之后才能确定。因此，为了解决预计提减值准备与对某项资产的有关处置业务的会计期间不同的问题，应设置“坏账准备”、“固定资产减值准备”等账户。核算单位在使用固定资产过程中，因为购买固定资产（以购买固定资产为例）支付价款的发生时间在前，使用固定资产则要持续相当长一段时间，核算单位一般要考虑使用中固定资产的折旧问题，固定资产的使用年限有可能是几年甚至几十年，为了解决购买固定资产支付价款的会计期间与固定资产使用期间的不同问题，应设置“累计折旧”账户。

收付实现制一般适用于非赢利性的核算单位，权责发生制一般适用于赢利性的核算单位。此处主要说明收付实现制与权责发生制在设置会计账户上的“差别”，并不是要说明实际会计工作中一定要“这样”来考虑问题——设置哪些账户并进行怎样的账项调整？在实际会计核算工作中，以权责发生制为例，由于一般单位已经事先选择了会计核算基础，会计账户也随会计准则制度规定的会计科目而定，即上述应该设置哪些账户已经在相应的会计准则制度中作出了规定，在会计实务中，只需要“直接”按照相应的会计核算基础进行会计核算，即“直接”按照权责发生制进行会计处理即可。因此，没有必要过于考虑从收付实现制变化到权责发生制应该多设置哪些账户，或说两者有些什么样的差别。

## 二、会计的价值计量形式

随着时间的推移，会计的价值计量形式会发生变化，例如，2007 年 1 月 1 日施行的《企业会计准则》规定了公允价值计量形式。就此准则来看，主要规定了五种价值计量形式：历史成本计量、重置成本计量、现值计量、可变现净值计量、公允价值计量。各种价值计量形式都有各自的特点，但由于会计发展过程中价值计量形式的变化，会引起会计准则制度多方面的改变，这些改变是需要经过深入分析的。

历史成本计量具有简便、易操作的特点。不论是单位内部的经济业务，还是与外单位发生的经济业务，采用经济业务发生当时的实际成本作为计量依据来描述所发生的经济业务是会计计量的直接依据。因为经济业务发生当时的会计计量（这里不是指涉及以后时刻点的资金流量换算），不涉及时间价值等方面的问题，随着时间的推移，该时刻点会变成“过去”。历史成本计量是指随着时间的推移仍用过去经济业务发生当时的会计计量，因此，如果经济业务发生的时刻点是在“现在”，则此时的计量还不能完全说是具有历史成本计量的特点，因为时间暂时还没有发生推移。

随着时间的推移，站在当前的时间点上来看，以前的计量结果以及相关的影响因素是否会发生变化？例如，某单位的一项固定资产，2005 年购入时入账价值为 2 000 万元，那么，到 2010 年，该项固定资产的原值仍是 2 000 万元。这个例子仅是为了说明历史成本计量属性，并不是为了说明会计准则应该变化。

在上例中，由于固定资产的原值对计提固定资产折旧等有直接影响，因此，随着时间的推移，仍然以取得时的固定资产的原值作为计量依据来确定不同时间的各种会计计量，有时是可以的，但有时会有偏差。

重置成本计量主要是指对计量对象按重新购置价值作为计量因素进行的计量，重置成本计量通常是对计量对象按照购置过程进行计算得到的现时成本，计量对象一般是在之前已经购建。重置成本计量并不一定要求真正进行再购或再置，只是要求按照再购或再置的过程来进行计算。重置成本计量是为了解决某些价值计量随着时间的推移发生变化的问题，但与别的计量形式所不同的是，重置成本计量所利用的数据主要是现时数据，不是从计量对象的形成时间到现在时刻点的整个时间段所涉及的数据。

现值计量主要以“现在”时刻点作为基准点，通常是把不同时刻点所涉及的资金流量按一定的折现率换算成现值进行计量的属性。在实际应用中，现值计量所涉及的资金流量较多是“未来的”，且资金流量数额已知或可预计。现值计量与数额在各时间段（点）平均分摊等计量形式不同，各时间段（点）平均分摊的计量形式没有考虑到资金的时间价值，2007 年会计准则中的现值计量的内在意义在于资金的时间价值。

我们可以从两方面的概念来看“可变现净值”。一个是“净值”的概念，在会计核算中或者是在财务管理中，都会涉及“净值”的概念。例如，“净资产”是资产负债表的资产总额减去负债总额得到的数额；以前的资产负债表有报表项目“应收账款净额”；还有报表项目“固定资产净值”；以及在财务管理中，资金流入量的现值和资金流出量的现值之差是“资金净流量”。从这些例子来看，通常“净值”是指两个有联系的数额之差。另一个是“变现”的概念。“变现”的概念通常在财务管理中是“变为现金”的意思，例如，“变现能力”就是指变换为现金的能力，通常这里所说的“现金”主要是指货币资金等。尽管“变为现金”也要考虑到时间方面的因素，但通常是相对于现在时刻点或默认时刻点的。从这两方面的概念来看，“可变现净值”主要是指将资产（一般是资产）变换为“现金”的净值，主要用于对当前时刻点或默认时刻点的资产的价值计量。

公允价值计量是2007年会计准则的一个特点，尽管公允价值计量具有一定的理论意义，但实务中的公允价值的计量形式以及公允价值计量的应用范围值得讨论。因为公允价值计量虽好，但有很多难测的影响因素对公允价值计量会带来非“公允”的结果。

公允价值计量的定义是：在成熟的市场环境中，熟悉情况的双方自愿交易的价值。除公允价值计量有很多难测的影响因素外，随着时间的推移，公允价值计量也会存在一些问题，这些问题主要表现在“未来”变成“现在”甚至是“过去”时，怎样处理差异?

“公允”一词包含有“公平的、公正的、客观的”意思，也就是说，“公允”一词如果与“市场交易价值”联系在一起，则是指“公允市场价值”或是指“公允交易价值”。

“公允”在价值计量方面表现为“公允价值”，如果某个“价值计量”不具有“公平的、公正的、客观的”的特点，那么，这个“价值计量”在实际应用中会有一定的局限性。反过来，如果某个价值计量具有“公平的、公正的、客观的”特点，那么，这个价值可以说是“公允价值”。

从上述对“公允价值”的讨论中，可以知道，某个价值计量是否具有“公允”的特点是该价值计量是否是“公允价值”的主要判断依据。如果只依据交易的结果来判断或根本没有判断过程而直接作为“公允价值”来进行价值计量，不注重交易的实质内容，则该价值计量不一定是“公允价值”，可能只是一个“交易价值”。

## 三、会计假设

核算单位在进行会计核算时，是建立在一定假设的基础上的，否则核算单位难以进行会计核算。这些会计假设主要是：会计主体、持续经营、会计分期、货币计量。

1. 会计主体

会计主体的假设指定了对所发生经济业务进行确认、计量、记录、报告的空间范围。正如“核算单位”就是这样一个假设，即进行会计业务处理的会计人员对什么范围内发生的会计业务进行处理。不能是某一个核算单位对别的核算单位所发生的经济业务也拿来进行会计业务处理，这样做就会引起混乱，没有一个肯定的空间范围，就没有真正的会计核算。这里的“核算单位”，是指能够进行独立核算的单位或各种经济组织。会计主体不同于法律主体，也不同于自然单位。一个自然单位内部可能是一个核算单位，也可能包括两个甚至多个核算单位，也可能与别的单位形成一个核算单位。

2. 持续经营

持续经营的假设是假定核算单位会以当前的经营形式、经营状态正常地经营下去，不会出现破产停顿。持续经营的假设使得核算单位能够按照当前的会计核算形式继续进行下去，否则出现破产停顿状况，则应按照专门的会计核算程序进行会计核算。

3. 会计分期

核算单位对所发生的经济业务是持续的、不间断的，但为了能够获取会计信息，需要人为地将持续进行的生产经营等过程进行分期，以便能够获取不同会计时期的会计信息，满足各种人员对会计信息的需求。我国的会计年度是公历年度，即从1月1日到12月31日止，是一个会计年度；并且规定，结账有月结、季结和年结；编制财务会计报告分为中期财务会计报告和年度财务会计报告；这些规定都是与会计分期的假设分不开的。

4. 货币计量

核算单位进行会计核算，是用专门的方法和程序对所发生的经济业务进行处理，因此，一定要有一种计量单位能够适用于所有的会计业务处理。那么，什么计量单位能够起到这方面的作用呢？当然是货币计量。在会计核算过程中，除了货币计量以外，还会涉及别的计量单位，如实物计量、劳动计量等，但这些计量单位与货币计量相比，显然货币计量更具普遍意义，更能对所有发生的经济业务进行描述。因此，在会计核算中，以货币作为主要的计量单位，别的计量单位用于辅助计量。

货币计量的假设还包括了币值稳定的假设，即假设货币币值不会发生较大的波动，否则要依据特种会计进行专门的会计处理。

任何一个核算单位都有一种本位币，本位币可以是人民币或外币。在我国境内注册的核算单位的本位币大多是人民币，有的核算单位有可能涉及一种或多种外币，当涉及一种或多种外币时应按照规定的折算方法进行折算处理，换算成本位币表示。

## 第四节　会计对象和会计要素

### 一、会计对象

在会计的含义中，以及在会计假设中，都提到了货币计量是会计核算过程中的主要计量单位。那么，会计对象是什么？首先，会计对象要与核算单位的生产经营过程联系在一起；其次，会计对象要与应该反映和监督的内容联系在一起；再次，会计对象要与可以在实务中应用的计量单位联系在一起。综合这些方面的主要内容，可以给会计对象一个定义——是核算单位主要以资金运动形式表现的经济业务活动。

核算单位的资金状况是时刻点的数据，如果不发生任何涉及资金运动的经济业务，则核算单位的资金状况不会发生变化，只有随着资金运动，核算单位的资金状况才会发生变化。因此，会计对象是核算单位主要以资金运动形式表现的经济业务活动（“资金运动”，并不是说会计不会涉及与时刻点相联系的资金状况数据，只有“静”没有“动”，或者说各时刻点的资金状况数据没有联系，会计核算会失去其应有的意义）。

不同核算单位的资金运动过程是不同的，为了能够清楚分析核算单位的资金运动过程，考虑到工业企业的生产经营等活动过程涉及的资金运动较为完整。因此，在分析资金运动时主要以工业企业为例来进行分析。

在工业企业中，为了能够进行生产经营，不论是创建企业之初，还是在再生产之时，都要考虑筹集资金。例如，工业企业除了通过自己销售产品（库存商品）来获得一定数额的货币资金外，还有可能通过投资者投入资本，或者是通过向银行举债，或者是通过发行债券等途径来筹集所需要的资金。具体是否要筹集资金以及采取怎样的筹集资金形式，应该依据生产经营过程的资金需要来确定。总之，从资金的形态来看，工业企业需要一定量的货币资金，才有可能去进行一些为生产做准备等方面的经济业务。

在工业企业中，尽管固定资产的可使用时间较长，但为了能够进行正常的生产经营等活动，应该根据生产经营等活动的需要购建必要的固定资产，另外需要购买生产产品所需的原材料，这些为正常生产经营所做的准备通常需要耗费货币资金。当用货币资金购建固定资产或购买原材料时，货币资金的形态就转化成了固定资金（固定资产）或储备资金（原材料等）。

在工业企业的生产过程中，为了能够生产出产品（库存商品），需要投入原材料、投入人工耗费，以及在生产过程会发生相应的间接费用。此时，各种耗费的资金转化成了在产品资金。待到所生产的产品完工进入产成品（库存商品）仓库时，才转化成了成品资金。

在工业企业中，将自己生产的产品（库存商品）销售出去，通常收到的货款是货币资金，此时，成品资金又转化成了货币资金。除进行利润分配等过程可能会减少货币资金外，这些货币资金又可以进行下一轮的再生产，循环往复。

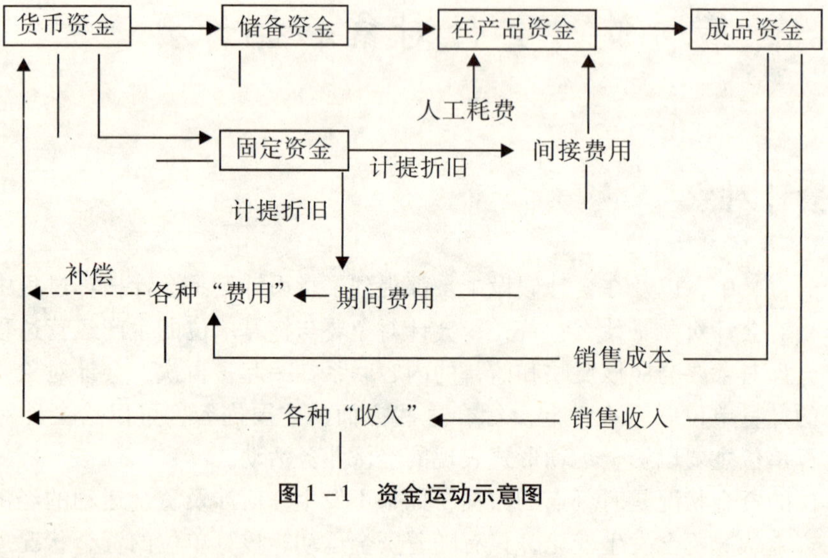


图1-1 资金运动示意图

## 二、会计要素

会计对象对于核算单位的会计核算来说，太笼统、太不具体，因此，仅仅清楚了会计对象，不将会计对象细化，核算单位无法进行相应的会计核算。但进行具体化的过程应该是渐进的，应该分析其内在的规律性。

现代的会计核算一般依据的是复式记账原理，复式记账原理首先要解决的是对资金状况的描述问题，然后是对资金运动的描述问题。复式记账原理是从两个角度来描述核算单位的资金状况的——“资金占用”和“资金来源”。为了能够对核算单位进行会计核算，需要对核算单位的资金状况进行分析，也就是说，首先需要从“资金占用”和“资金来源”来进行分析。从“资金占用”来看，主要是核算单位的“资产”会计要素；从核算单位的“资金来源”来看，主要是负债和所有者权益。因此，又有“负债”会计要素和“所有者权益”会计要素。

但一个核算单位不可能不进行生产经营等活动，只有通过经济业务活动，核算单位的资金状况才会发生变化。有些资金运动所引起的资金状况变化直接在上述会计要素中进行描述（如上述会计要素对应的会计账户的发生额），但有些资金运动需要进行专门的描述（如核算利润），根据要求，核算单位要核算利润。因此，又要有“收入”会计要素，“费用”会计要素以及“利润”会计要素。

综上所述，为了能够对核算单位进行会计核算，需要将会计对象细化为六大会计要素——“资产”、“负债”、“所有者权益”、“收入”、“费用”和“利润”。

1. 资产

资产是资金占用，是核算单位通过确认债权债务关系（核算单位是债务人），或通过资金占用形态的改变，或通过投资者投入，或通过实现利润并形成留存利润等途径获得的资金。

通常，资金来源不外乎是负债和所有者权益，资金来源的数额与资金占用的数额是相等的。例如，核算单位向银行借入款项存入银行，一方面，核算单位的货币资金（资产）会增加；另一方面，核算单位对银行的负债也会增加，这项经济业务所引起的核算单位的资金增加是通过负债途径获得的。

例如，核算单位接受投资者投入资本存入银行，一方面，核算单位的货币资金（资产）会增加；另一方面，核算单位的所有者权益会增加，这项经济业务所引起的核算单位的资金增加是通过投资者投入资本获得的。

例如，核算单位通过生产经营等过程，进行利润核算以及进行利润分配以后，这部分留存在核算单位的利润一般对应着一定数额的资金占用，这部分资金占用是来自于留存利润的。

例如，核算单位受托加工，委托方发送来原材料，由于发送来的原材料双方并不是债权债务关系，也不是作为投资，也不是来自于核算单位的留存利润，因此，不能作为核算单位的资产。

例如，核算单位通过经营租赁租入一台生产设备，由于该台生产设备双方并没有确认债权债务关系，也不是作为投资，也不是来自于核算单位的留存利润，因此，不能作为核算单位的资产。

核算单位发生销售业务，一方面，核算单位取得收入，不妨假设取得了货币资金；另一方面，核算单位将库存商品移交给购货方，库存商品所有权发生了转移（当然还有其他需要从收入中得到补偿的耗费或支出，统称为费用）。可以把取得的货币资金分为两部分，一部分与“费用”等额，或说这部分货币资金是通过“费用”相应的资产耗费或支出变换得来的，资产的存在形态发生了改变，由库存商品等变成了货币资金；另一部分是获得的利润。

核算单位的一种资金占用形态的资产变换为另一种资金占用形态的资产。例如，用货币资金购买固定资产，尽管资金在存在形态上发生了改变，但从数额上来说，并没有改变核算单位的资金总额。

这个定义可以说主要是站在资金来源的角度来定义资产的。

2. 负债

负债是核算单位与债权人双方确认或公认的，需要用资产或劳务进行偿付的现时义务。负债的主要特点是双方确认或包括双方在内的多方确认或公认，一方确定的数额不能作为双方确认，这是因为负债涉及债权人和债务人双方。负债是一个时刻点的数额，不论是与什么时间位置的数据有联系，负债一般是现时义务，需要用资产或劳务进行偿付。

例如，核算单位购买原材料，发票账单已到，原材料已经运到，但款项暂欠（赊购）。此时，核算单位与供应商之间就形成了债权债务关系，因为核算单位应支付给供应商的款项并没有支付。

例如，核算单位经过计算，确定应缴纳的城市维护建设税数额。此时，核算单位与税务部门之间就形成了债权债务关系，因为核算单位应缴纳的城市维护建设税在纳税义务已经成立后，暂未缴纳该项税款。

3. 所有者权益

所有者权益是投资者投入的或当期实现的还未进行利润分配的利润或经过利润分配之后的留存利润。核算单位的所有者权益不外乎分为两种，一是投资者投入的，这部分并不是经过核算单位的生产经营等过程的所得；另一部分是核算单位当期实现的还未进行利润分配的利润或经过利润分配之后的留存利润，按照利润核算的要求，当期实现的还未进行利润分配的利润是暂时性的，最终要经过利润分配的过程；经过利润分配之后，继续留存在核算单位的才是留存利润。

例如，投资者投入资本，核算单位存入银行。这项经济业务一方面核算单位的银行存款增加，另一方面所有者权益增加。

例如，核算单位当年计提盈余公积，这项经济业务通过利润分配的过程，将所实现利润的一部分计入盈余公积，作为核算单位的留存利润。

4. 收入

收入是核算单位获得的，与核算利润有联系的，计算利润的加项。从会计要素的角度，“收入”会计要素的主要目标是为了核算“利润”，因此，“收入”是与核算利润有联系的。如果不是与核算利润有联系的，则不能确认为收入。例如，从银行借款，一方面核算单位的银行存款增加，另一方面负债增加。但这项经济业务因为与核算利润没有关系，因此，相关的流入不能确认为收入。核算单位从银行提取现金，一方面，核算单位银行存款减少，另一方面库存现金增加，这项经济业务因为与核算利润没有关系，因此，也不能确认为收入。

收入因核算单位的类型不同，构成内容也不同；收入因业务内容不同，收入的意义也有差别。例如，同是主营业务收入，不同的核算单位类型，内容不一定相同；主营业务收入与其他业务收入相比，收入的意义也有差别。

5. 费用

费用是核算单位应从收入中得到补偿的，与核算利润有联系的，计算利润的减项。从会计要素的角度，“费用”会计要素的主要目标是为了核算“利润”，因此，“费用”是与核算利润有联系的。如果与核算利润没有联系，则不能确认为费用。费用应从核算单位的收入中得到补偿，只有能够从收入中得到补偿，剩下的才是利润，否则是亏损。例如，生产领用原材料，因为这项经济业务与核算利润没有联系，因此，相应的原材料也不能确认为费用，只能进入生产过程，进入生产成本（这里所说的费用不是生产费用，是应与核算利润相联系的）。又如，核算单位对外销售原材料，由于这项经济业务与核算利润有联系，因此，原材料应确认为费用（对于工业企业来说，应进入其他业务成本）。

6. 利润

从会计要素来看，利润是收入减去费用后的结果。从“收入－费用＝利润”的计算到利润向利润分配的结转，如果要与会计账户联系在一起的话，主要是“本年利润”账户担当起了这个任务。一方面，在计算利润时，要将所有损益类账户结转到“本年利润”中；另一方面，“本年利润”账户或早或晚要结平，将“本年利润”中的数额结转到“利润分配”账户。

# 第五节　会计的目标和方法

## 一、会计的目标

会计的目标是在提高经济效益的同时，提供符合要求的会计信息。“提供会计信息”应考虑对会计信息有具体需要的人。那么，哪些人对会计信息有需要呢？一般是投资者、债权人、政府部门、社会公众，以及为了核算单位自身的生产经营等活动需要的企业。

对于向社会公众、投资者、债权人、政府部门等提供会计信息，一般是通过报送或公布符合准则制度规定的财务会计报告来进行的。为了自身的生产经营等活动的需要，一方面，可以通过财务会计报告来获取会计信息；另一方面，还可以通过编制内部会计报表来获取会计信息。

可靠性核算单位进行的会计业务处理，会产生会计信息，所产生的会计信息应该符合相应的质量要求——“会计信息质量要求”，这些要求是对外提供财务会计报告应该遵循的，有的要求也同样适用于内部管理所需的会计信息。“会计信息质量要求”具体包括：

1. 可靠性

可靠性是指对会计业务进行确认、计量、记录、报告时，应该真实可靠。不能对交易或事项进行随意的处理，也不能依据不真实、不可靠的会计信息来进行处理，处理过程应该符合相应的规定。

2. 相关性

要求提供的会计信息与会计信息使用者对会计信息的需要相关。如果提供的会计信息不能满足会计信息使用者对会计信息的需要，那么，提供的会计信息就失去了应有的意义，起不到应有的作用。

3. 可理解性

要求提供的会计信息能够便于会计信息使用者进行阅读理解，便于会计信息使用者在理解会计信息的基础上，进行相应的决策。如果提供的会计信息让会计信息使用者难以理解，对会计信息使用者的决策不能产生任何作用，则所提供的会计信息不具有可理解性。

4. 可比性

要求提供的会计信息前后期可比。即进行相应的会计处理时，不能随意变更会计处理方法，否则会导致提供的会计信息前后期有差异，从而可能误导会计信息使用者。确实需要进行变更的，应按照规定的时间要求、程序要求进行变更并在适当位置以适当的形式对所作的变更进行注明，以便会计信息使用者能够正确理解会计信息的前后期的变化。

5. 实质重于形式

实质重于形式要求进行会计业务处理时应更注重交易或事项的实质，而不应仅仅以交易或事项的法律形式作为依据。进行会计业务处理时，应该注重交易或事项的实质性内容，现象并不一定代表交易或事项的实质性内容，应该经过分析，透过现象看本质。

6. 重要性

提供的会计信息应该符合重要性的要求，一般来说，在别的条件相同时，数额较大的会计信息比数额较小的会计信息更具有重要性；更能帮助会计信息使用者进行正确决策的会计信息更具有重要性。

7. 谨慎性

谨慎性要求进行会计业务处理时，应该考虑到潜在的风险因素，保持应有的谨慎。不应多记资产或收益，也不应少记负债和费用支出，应该按照谨慎性要求以及具体的规定来进行会计业务处理，否则产生的会计信息就有可能不符合谨慎性要求。

8. 及时性

要求提供的会计信息准确及时。因为会计信息具有时效性，如果提供的会计信息不及时，则与之有联系的会计业务处理过程有可能不能及时进行，会计信息使用者也有可能不能作出正确的决策。在相应的会计准则制度、条例中，都提到了时效性问题，如结账时间、报送财务会计报告的时间等。

## 二、会计方法

会计方法与会计业务处理过程联系在一起，但如果从不同的角度进行归类，则会得到不同的会计方法分类。由于会计业务处理包括了会计核算的内容，因此，会计方法中包括了会计核算方法。会计核算方法是与会计核算的账务处理过程联系在一起的会计方法。这些方法主要包括：设置账户、复式记账、填制和审核会计凭证、登记账簿、成本计算、财产清查、编制财务会计报告等。

1. 设置账户

为了有效地进行会计核算，必须设置会计账户。会计账户是实现会计核算的工具，是记录会计信息的所在。没有会计账户，会计信息难以进行特种处理，难以进行分类处理，难以为编制财务会计报告提供有效的信息。因此，设置账户应考虑会计账户的系统性、完整性，应考虑格式、查阅的方便，应考虑会计处理过程和会计核算方法之间的关系等。

2. 复式记账

复式记账与单式记账的最大差别在于系统性、完整性。按照会计准则制度的要求，核算单位应采用复式记账。复式记账方法是按照复式记账原理，对每项经济业务，必须依据平衡原理（如以相等金额）在两个或两个以上相互联系的账户内进行登记有关信息的方法。复式记账方法具有系统性，从复式记账的定义可以知道，复式记账方法与账户的联系紧密，不能将复式记账方法与相应的账户绝对地分割开来，如果分割开来，或者相应的账户设置不系统，则复式记账方法的应用也会受到影响。

3. 填制和审核会计凭证

不论是手工会计核算系统，还是电算化会计核算系统，填制和审核会计凭证是会计核算工作的一个重要组成部分。在手工会计核算系统中，填制和审核会计凭证大多是对纸介质的会计凭证进行处理完成的；在目前的会计电算化系统中，填制和审核会计凭证则有可能是混合形式，部分仍是对纸介质的会计凭证进行处理，部分则是在会计电算化系统中进行处理完成的。

因为填制会计凭证是通过专门的描述形式对所发生的经济业务进行描述，因此，各核算单位所发生的经济业务一般需要经过填制会计凭证的环节，才有可能进行下一步骤的会计业务处理。为了防止发生差错，填制完成的会计凭证一般都要经过审核。

4. 登记账簿

在填制和审核会计凭证后，应该将已经填制好的记账凭证上的会计信息，通过记账过程记录到相应的账户中去，只有记录到相应的账户中去，会计信息才能得到进一步的处理，才能更好地为下一步骤的会计业务处理所利用。手工会计核算系统通常是在纸介质的账簿上进行登记，对于目前的会计电算化系统来说，不论是临时产生会计账簿，还是事先已做好处理将账簿存储在相应的存储介质上，都同样存在一个登记账簿的过程。

5. 成本计算

为了核算出各种成本计算对象的成本，应该通过成本计算过程进行成本计算。工业企业的成本计算过程包括了对生产车间生产过程的核算，具有代表性。相对来说，生产过程的成本计算复杂、内容多而完整。工业企业的成本计算如果不包括对生产过程的核算，则难以得到详细的成本核算资料，相应的生产过程是“盲目”的。也正是因为工业企业的成本计算过程较为完整，因此，教材中的成本计算主要以工业企业为例。

6. 财产清查

核算单位在生产经营过程中，不可能不发生一点差错，为了使得核算单位的账存与实存相符，应该按照规定对财产进行清查。对于财产清查的结果存在账存与实存不符的要查明原因，并分不同情况进行处理。财产清查是保证会计资料真实性的重要会计方法，是核算单位能够正常、全面连续系统地进行有效会计核算的保证。

7. 编制财务会计报告

除内部使用的会计报表外，按照会计准则制度规定，核算单位应该编制财务会计报告，财务会计报告分为中期财务会计报告和年度财务会计报告，对外报送的财务会计报告中包括的会计报表主要有：资产负债表、利润表、现金流量表和所有者权益变动表。编制对外报送的财务会计报告的目的是给会计信息的使用者提供必要的会计信息。

## 三、会计循环

在核算单位的会计核算过程中，除了设置账户外，在生产经营等活动过程中，整个会计核算过程是连续不间断的，但为了能够获得有效的会计核算资料，必须进行会计分期。会计分期的结果，各种会计核算资料可以按照会计年度、季度、月份进行相应的核算，并且各会计核算期的会计核算工作具有一定的规律性。

所谓会计循环，是指在类似的会计期间，会计工作具有一定的规律性。这种规律性主要表现在填制和审核会计凭证、登记账簿、对账结账、编制财务会计报告以及对会计信息进行分析利用等过程。

在会计循环过程中，特别要提到结账。结账通常有账结法和表结法之分，两者的主要区别在于表结法并不按月将损益类账户结转到本年利润账户，但要按月编制规定的财务会计报告。账结法则要求核算单位应每月将损益类账户结转到本年利润账户，并按月编制规定的财务会计报告。教材主要按账结法。

## 复习思考题

1. 会计的含义和特点是什么？
2. 会计的职能和作用是什么？
3. 会计的对象和要素是什么？
4. 简述工业企业的资金运动过程。
5. 会计核算基础是什么？
6. 会计的计量形式有哪些？
7. 会计的信息质量要求如何？
8. 会计的基本假设有哪些？
9. 会计目标和方法有哪些？
10. 会计循环的含义是什么？

## 练习题

### 一、单项选择题

1. 会计要素和会计对象的关系是（　　）。

A. 没有关系

B. 会计要素是会计对象的细化

C. 会计要素中只有资产会计要素与会计对象有关系

D. 会计对象是会计要素的细化

2. 会计核算基础包括收付实现制和（　　）。

A. 实地盘存制　　B. 永续盘存制

C. 计划成本核算法　　D. 权责发生制

3. 货币计量的假设包括了（　　）。

A. 会计分期的假设　　B. 会计主体的假设

C. 币值稳定的假设　　D. 持续经营的假设

4. 货币计量的假设中本位币的种数是（　　）。

A. 一种　　B. 二种　　C. 三种　　D. 多种

5. 会计的基本职能包括（　　）。

A. 收付实现制和权责发生制

B. 计划成本核算法和实际成本核算法

C. 反映和监督

D. 检查和分析

## 二、多项选择题

1.（　　）是现行企业会计准则的会计计量形式。

A. 公允价值计量　B. 现值计量　C. 重置价值计量　D. 可变现净值计量

2. 会计假设包括（　　）。

A. 会计主体　B. 持续经营　C. 会计分期　D. 货币计量

3.（　　）是会计信息质量要求。

A. 可靠性　B. 可比性　C. 实质重于形式　D. 及时性

4.（　　）是会计核算方法。

A. 设置账户　B. 抽样调查　C. 登记账簿　D. 复式记账

5.（　　）会计要素包括在六大会计要素中。

A. 资产　B. 会计凭证　C. 负债　D. 所有者权益

# 第二章　会计科目和会计账户

## 第一节　会计科目

### 一、会计科目的概念

在第一章，会计对象被细分为会计要素，主要原因是会计对象太笼统、太不具体，因此，需要细化（具体化），但具体化的过程是渐进的。仅有六大会计要素仍不能满足会计核算的需要，试想，核算单位的所有资金占用只用一个“资产”来描述，具体是什么资金存在形态并不清楚，这样做是不能很好地进行会计核算的。

为了进一步得到符合要求的会计核算资料，必须将会计要素再进一步细化，因此，就有了会计科目，会计科目是会计要素再进一步具体化的结果。

随着会计要素的进一步具体化，得到了会计科目，会计要素和会计科目两者还是各有一些侧重。会计要素主要是会计对象细化的结果，但与会计科目相比，会计科目更为具体，更接近于会计核算的实际应用。例如，1993 年规定工业企业的会计科目主要分为五大类，分别是资产类、负债类、所有者权益类、成本类、损益类；会计要素分为六大类，即资产、负债、所有者权益、收入、费用、利润。到 2007 年 1 月 1 日施行的《企业会计准则》规定，会计科目分为六大类，分别是资产类、负债类、共同类、所有者权益类、成本类、损益类；会计要素仍是分为六大类，即资产、负债、所有者权益、收入、费用、利润。从这可以看出，会计要素一般为六大类不变（不是指绝对不变），但会计科目具体应该分为几大类，有可能会随着会计核算的发展而发生变化。

表 2－1 给出了会计科目与会计要素之间的数额对应关系。在该表中，由于共同类的会计科目可能表现为资产，也可能表现为负债，因此，划分给了资产会计要素和负债会计要素；由于“本年利润”会计科目与利润会计要素对应，“本年利润”又是属于所有者权益类的会计科目。因此，在该表中未予注明出来，实际上“本年利润”会计科目具有“双重身份”，既属于利润会计要素，参与计算利润，又属于所有者权益会计要素，是形成所有者权益的主要来源（可以参照第三章对会计等式的分析）。

表2-1 会计科目与会计要素的对应关系

| 序号 | 会计要素 | 会计科目 |
|---|---|---|
| 1 | 资产 | 资产类、共同类中符合资产结果的科目账户、成本类 |
| 2 | 负债 | 负债类、共同类中符合负债结果的科目账户 |
| 3 | 所有者权益 | 所有者权益类 |
| 4 | 收入 | 损益类中损益增加科目账户 |
| 5 | 费用 | 损益类中损益减少科目账户 |
| 6 | 利润 | 所有者权益中的“本年利润”科目账户 |

表2-2 常用的会计科目表

| 科目编码 | 科目名称 | 科目编码 | 科目名称 |
|---|---|---|---|
| | 一、资产类 | 2203 | 预收账款 |
| 1001 | 库存现金 | 2211 | 应付职工薪酬 |
| 1002 | 银行存款 | 2221 | 应交税费 |
| 1012 | 其他货币资金 | 2231 | 应付利息 |
| 1101 | 交易性金融资产 | 2232 | 应付股利 |
| 1121 | 应收票据 | 2241 | 其他应付款 |
| 1122 | 应收账款 | 2501 | 长期借款 |
| 1123 | 预付账款 | 2502 | 应付债券 |
| 1131 | 应收股利 | 2701 | 长期应付款 |
| 1132 | 应收利息 | 2702 | 未确认融资费用 |
| 1221 | 其他应收款 | 2711 | 专项应付款 |
| 1231 | 坏账准备 | 2801 | 预计负债 |
| 1401 | 材料采购 | 2901 | 递延所得税负债 |
| 1402 | 在途物资 | | 三、共同类 |
| 1403 | 原材料 | 3001 | 清算资金往来 |
| 1404 | 材料成本差异 | 3002 | 货币兑换 |
| 1405 | 库存商品 | 3101 | 衍生工具 |
| 1406 | 发出商品 | 3201 | 套期工具 |
| 1408 | 委托加工物资 | 3202 | 被套期项目 |
| 1411 | 周转材料 | | 四、所有者权益类 |
| 1471 | 存货跌价准备 | 4001 | 实收资本 |
| 1501 | 持有至到期投资 | 4002 | 资本公积 |
| 1502 | 持有至到期投资减值准备 | 4101 | 盈余公积 |
| 1503 | 可供出售金融资产 | 4103 | 本年利润 |

（续上表）

| 科目编码 | 科目名称 | 科目编码 | 科目名称 |
|---|---|---|---|
| 1511 | 长期股权投资 | 4104 | 利润分配 |
| 1512 | 长期股权投资减值准备 | 4201 | 库存股 |
| 1521 | 投资性房地产 | | 五、成本类 |
| 1531 | 长期应收款 | 5001 | 生产成本 |
| 1532 | 未实现融资收益 | 5101 | 制造费用 |
| 1601 | 固定资产 | 5201 | 劳务成本 |
| 1602 | 累计折旧 | 5301 | 研发支出 |
| 1603 | 固定资产减值准备 | | 六、损益类 |
| 1604 | 在建工程 | 6001 | 主营业务收入 |
| 1605 | 工程物资 | 6051 | 其他业务收入 |
| 1606 | 固定资产清理 | 6101 | 公允价值变动损益 |
| 1701 | 无形资产 | 6111 | 投资收益 |
| 1702 | 累计摊销 | 6301 | 营业外收入 |
| 1703 | 无形资产减值准备 | 6401 | 主营业务成本 |
| 1711 | 商誉 | 6402 | 其他业务成本 |
| 1801 | 长期待摊费用 | 6403 | 营业税金及附加 |
| 1811 | 递延所得税资产 | 6601 | 销售费用 |
| 1901 | 待处理财产损溢 | 6602 | 管理费用 |
| | 二、负债类 | 6603 | 财务费用 |
| 2001 | 短期借款 | 6701 | 资产减值损失 |
| 2101 | 交易性金融负债 | 6711 | 营业外支出 |
| 2201 | 应付票据 | 6801 | 所得税费用 |
| 2202 | 应付账款 | 6901 | 以前年度损益调整 |

## 二、会计科目的分类

### （一）按照反映的经济内容分类

可以分为资产类、负债类、共同类、所有者权益类、成本类和损益类。

1. 资产类

库存现金、银行存款、存放中央银行款项、存放同业、其他货币资金、结算备付金、存出保证金。

交易性金融资产、买入返售金融资产、应收票据、应收账款、预付账款、应收股利、应收利息。

应收代位追偿款、应收分保账款、应收分保合同准备金、其他应收款、坏账准备。

贴现资产、拆出资金、贷款、贷款损失准备、代理兑付证券、代理业务资产。

材料采购、在途物资、原材料、材料成本差异、库存商品、发出商品、商品进销差价、委托加工物资、周转材料、消耗性生物资产、贵金属、抵债资产、损余物资、融资租赁资产、存货跌价准备。

持有至到期投资、持有至到期投资减值准备、可供出售金融资产、长期股权投资、长期股权投资减值准备、投资性房地产、长期应收款、未实现融资收益、存出资本保证金。

固定资产、累计折旧、固定资产减值准备、在建工程、工程物资、固定资产清理、未担保余值、生产性生物资产、生产性生物资产累计折旧、公益性生物资产、油气资产、累计折耗。

无形资产、累计摊销、无形资产减值准备、商誉。

长期待摊费用、递延所得税资产、独立账户资产。

待处理财产损溢。

2. 负债类

短期借款、存入保证金、拆入资金、向中央银行借款、吸收存款、同业存放、贴现负债。

交易性金融负债、卖出回购金融资产款。

应付票据、应付账款、预收账款、应付职工薪酬、应交税费、应付利息、应付股利、其他应付款、应付保单红利、应付分保账款。

代理买卖证券款、代理承销证券款、代理兑付证券款、代理业务负债。

递延收益。

长期借款、应付债券。

未到期责任准备金、保险责任准备金、保户储金、独立账户负债。

长期应付款、未实现融资费用、专项应付款。

预计负债。

递延所得税负债。

3. 共同类

清算资金往来、货币兑换、衍生工具、套期工具、被套期项目。

4. 所有者权益类

实收资本、资本公积、盈余公积、一般风险准备、本年利润、利润分配、库存股。

5. 成本类

生产成本、制造费用、劳务成本、研发支出、工程施工、工程结算、机械作业。

6. 损益类

主营业务收入、利息收入、手续费及佣金收入、保费收入、租赁收入、其他业务收入、汇兑损益。

公允价值变动损益、投资收益。

摊回保险责任准备金、摊回赔付支出、摊回分保账款。

营业外收入。

主营业务成本、其他业务成本、营业税金及附加、利息支出、手续费及佣金支出。

提取未到期责任准备金、提取保险责任准备金、赔付支出、保单红利支出、退保金、分出保费、分保费用。

销售费用、管理费用、财务费用、勘探费用。

资产减值损失、营业外支出。

所得税费用。

以前年度损益调整。

需要指出的是，上述分类是根据2007年1月1日施行的《企业会计准则》所列示的会计科目类型进行的分类，按照以前的会计准则制度，工业企业的会计科目类型分为五大类。

**（二）按照提供指标的详细程度分类**

可以分为一级科目、二级科目、三级科目等，一级科目一般是会计准则制度提供的，二级、三级等非一级会计科目是核算单位依据自身的具体核算需要进行设置的。一级会计科目又称为总分类科目，二级、三级等非一级会计科目又称为明细分类科目。

例如，表2-2就是常用的一级会计科目表，一级会计科目编码是4位。二级、三级等非一级会计科目的编码可以根据需要进行设置。在会计电算化系统中，对会计科目账户进行处理时，大多以会计科目编码作为依据，因此，会计科目编码在会计电算化系统中起着极为重要的作用。

# 第二节 会计账户

## 一、会计账户的概念

在会计核算方法中，设置账户是会计核算的方法之一。现在一般都是采用复式记账方法，事实上，不论是复式记账方法还是单式记账方法，都会涉及将会计信息记录到会计账户中去的具体记账过程。会计账户是根据会计科日开设的，具有一定结构的，用来全面、连续、系统、综合地记录各种符合规定的会计信息的工具。

会计科目与会计账户是有联系的，会计科目是会计账户的名称，是开设会计账户的依据。一级会计科目一般是会计准则制度中规定的，二级、三级等非一级会计科目可以根据核算单位的实际需要来进行开设。会计账户具有一定的结构，设置账户是要考虑包括会计账户结构在内的会计核算方法。

事实上，尽管会计科目没有结构，但在讨论会计科目与会计账户之间的关系时，经常会涉及反映的数额问题。例如，六大会计要素之间一般存在着会计等式关系，实际上，“资产=负债+所有者权益”和“收入-费用=利润”这两个基本会计等式是根据六大会计要素列出的会计等式，六大会计要素有数额吗？回答是肯定的，它是和一定的数额联系在一起的，否则会计等式就不是按六大会计要素列示出来的。

## 二、会计账户的分类

### （一）按照反映的经济内容分类

与会计科目按照反映的经济内容分类一样，可以分为：资产类会计账户；负债类会计账户；共同类会计账户；所有者权益类会计账户；成本类会计账户；损益类会计账户。

因为这种分类与会计科目按照反映的经济内容分类类似，因此，具体的会计账户名称不予列示出来。

### （二）按照提供指标的详细程度分类

可以分为一级会计账户、二级会计账户、三级会计账户等。一级会计账户一般是依据一级会计科目开设的。一级会计账户又称为总分类账户，二级、三级等非一级会计账户又称为明细分类账户。

总分类账户是控制账户，是统驭账户，是提供总分类会计信息的账户；明细分类账户是被控制账户，是提供明细分类会计信息的账户。

例如，某工业企业7月初，应收A公司的账款余额是10万元，应收B公司的账款余额是20万元，应收C公司的账款余额是20万元。如果没有别的应收账款，则“应收账款”总分类账户应该是50万元的余额，明细分类核算账户“应收账款——A公司”的账户余额是10万元，“应收账款——B公司”的账户余额是20万元，“应收账款——C公司”的账户余额是20万元。

### （三）按照用途和结构分类

请参见“第五章账户的分类”，此章中账户的分类是按照用途和结构进行的分类。

## 三、借贷记账法会计账户的结构

借贷记账法是复式记账法的一种，按照规定，我国的企业应该采用借贷记账法来进行账务处理。因此，为了能够清楚借贷记账法会计账户的结构，需要专门就借贷记账法的会计账户的结构特点进行说明。

一种具有“系统性”特点的记账方法，会计账户的结构也应该是系统完整的，能够适应于账务处理的需要。为了便于教学研究，需要将借贷记账法会计账户结构的主要内容抽象出来，忽略会计账户的一些不重要的具体细节，因此，此处所说的借贷记账法会计账户的结构特点主要是从一般意义上来说的，不是指会计账户结构的全部内容。

表2-3是总分类账户的一般结构（忽略了账户名称、页编号、若干行等）。因为会计

对象是核算单位主要以资金运动形式表现的经济业务活动，也就是说，涉及资金的问题是会计业务处理的共同特点。从该一般账户的结构可以看出，借方、贷方、余额（“借或贷”是与余额联系在一起的）是借贷记账法会计账户的主要结构特点。

**表 2－3　账户的结构**

| 年 | | 凭证号数 | 摘要 | 借方 | 贷方 | 借或贷 | 余额 |
|---|---|---|---|---|---|---|---|
| 月 | 日 | | | | | | |
| | | | | | | | |

为了在教学中以及在对会计业务分析过程中便于处理，常常把借贷记账法会计账户的结构简化成“T”型账户结构形式，例如，表 2－4 就是一个简化的“T”型账户结构形式。

**表 2－4　“T”型账户结构**

账户名称

| 借 | 贷 |
|---|---|
| A | B |
| C | D |
| E | F |

在表 2－4 中，“A”、“B”、“C”、“D”、“E”、“F”处各有不同的意义，“A”和“B”一般只有一行，且“A”和“B”只能居其一（或有的会计账户一般没有期初余额，也就没有该行），不能同时具有，表示期初余额；“E”和“F”的意义与“A”和“B”类似，表示期末余额（或有的会计账户一般没有期末余额，也就在该处注明“0”或“平”）；“C”和“D”可以同时具有，且有可能是多行，表示“发生额”。

通常，“余额”一般是与一段时期的期初或期末或某一特定时刻点联系在一起的，是一个时刻点的量；“发生额”一般是与一段时期联系在一起的，是一个时期的量，且“发生额”通常是与该段时期的会计分录的数额（该时期内所发生的经济业务的数额，因此称为“发生额”）联系在一起的。

**表 2－5　一个资产类会计账户的例子**

银行存款

| 借 | 贷 |
|---|---|
| 期初余额：10 000 000 | |
| 2 000 000 | |
| | 3 000 000 |
| | 5 000 000 |
| 3 000 000 | |
| 期末余额：7 000 000 | |

表2-6　一个负债类会计账户的例子

| 借 | 应付账款　　贷 |
| --- | --- |
| | 期初余额：20 000 000 |
| | 3 000 000 |
| 5 000 000 | |
| | 10 000 000 |
| 7 000 000 | |
| | 期末余额：21 000 000 |

表2-5和表2-6是具体的例子，那么，从会计账户的类型——资产类、负债类、共同类、所有者权益类、成本类、损益类这几种类型来看，会计账户的结构会有什么特点呢?

表2-7　资产类会计账户的“T”型账户结构

| 借 | 账户名称　　贷 |
| --- | --- |
| A | |
| C | D |
| E | |

资产类会计账户的“T”型账户表明，余额一般在借方。“C”表示增加，记在借方，“D”表示减少，记在贷方，“A”、“C”、“D”和“E”之间的关系通常是——“A+C-D=E”（当然，说“E”一般在借方是因为这是资产类会计账户的一般特点，仅从数额计算的关系来说，若“E”的计算结果是负数，则说明实际是贷方余额，那么，表2-7的余额不是“E”而是“F”）。像这样结构的会计账户还有共同类中表现为资产性质的账户，成本类的会计账户。

表2-8　负债类会计账户的“T”型账户结构

| 借 | 账户名称　　贷 |
| --- | --- |
| | B |
| C | D |
| | F |

负债类会计账户的“T”型账户表明，余额一般在贷方。“D”表示增加，记在贷方，“C”表示减少，记在借方，“B”、“C”、“D”和“F”之间的关系通常是——“B+D-C=F”（当然，说“F”一般在贷方是因为这是负债类会计账户的一般特点，仅从数额计算的关系来说，若“F”的计算结果是负数，则说明实际是借方余额，那么，表2-8的余额不是“F”而是“E”）。像这样结构的会计账户还有共同类中表现为负债性质的账户，

所有者权益类的会计账户。

在损益类会计账户中，一般分为两种，一种是划分为属于“收入”会计要素范围内的会计账户（或说是损益增加账户）；另一种是划分为属于“费用”会计要素范围内的会计账户（或说是损益减少账户）。后一种与表2－7类似，但一般没有“A”，在“E”处注明“0”或“平”，即没有余额；前一种与表2－8类似，但一般没有“B”，在“F”处注明“0”或“平”，即没有余额。

资产类会计账户一般是借方余额，一方面，这是借贷记账法的规定；另一方面，这与资产类会计账户的核算内容有关。第二方面可以用一个例子来说明，例如，核算单位采用实际成本核算，原材料明细分类账户核算的是在材料仓库的应计入原材料账户的，反映材料收发存情况的账户，当期借方发生额表示当期入库（增加）的数额，当期贷方发生额表示当期出库（减少）的数额，原材料明细分类账户借方余额表示某一时刻点在材料仓库的材料的实际数额。能不能出现贷方余额呢？不可能，没有材料还能不能再领用材料？

从第一方面来看，借贷记账法为什么要作这样的规定呢？为什么不把所有的会计账户都用一方表示增加，另一方表示减少呢？从借贷记账法来看，借贷记账法是复式记账法的一种，复式记账法要求从两方面来反映资金的状况，即从资金占用和资金来源两个方面，这两方面的资金数额应该相等，因此，就有“平衡”等式：“资金占用＝资金来源”；该“平衡”等式如果从会计要素来看，就有“资产＝负债＋所有者权益”这个等式。

如果所有的科目账户都用一方表示增加，另一方表示减少，则势必造成科目账户的余额与上述“平衡”等式难以有效地联系在一起。因为所有科目账户都一样，在列示等式方面只能完全依赖于会计人员根据科目账户的性质，决定哪些科目账户（实际上是与资产要素联系在一起的科目账户）放在等式的左边？哪些科目账户（实际上是与负债和所有者权益要素联系在一起的科目账户）放在等式的右边？这样做会出现问题，共同类账户怎样来列示，是否要依据最终结果才能肯定放在等式的哪一边？而且要依据会计人员来放置？因此，这种做法在列示“平衡”等式关系时主要依靠的是会计人员的判断。

如果规定，“平衡”等式范围内的有些科目账户（资产会计要素）一方表示增加，另一方表示减少；另一些科目账户（负债会计要素、所有者权益会计要素）则相反。这种做法在表现所有“平衡”等式科目账户的关系问题上可以依赖于科目账户自身的特点并结合等式来反映。科目账户（不包括非“独立”意义的会计科目账户）自身的特点是指借方余额的会计账户列示在等式的左边，贷方余额的会计账户列示在等式的右边，两边相等。当等式两边的某一项要进行移项时，依据等式的规则，应该变号，等式依然相等。

需要说明的是，在资产类会计账户中，有一些是调整账户（参见第五章），即非独立意义的账户，需要与别的资产类会计账户配合起来才能有较为完整的意义。例如，“累计折旧”会计账户是“固定资产”会计账户的调整账户，“固定资产”一般记录的是原值，“累计折旧”与“固定资产”配合起来，表示固定资产净值（暂不考虑固定资产减值准备）。“累计折旧”账户是贷记表示增加，借记表示减少，期初期末一般是贷方余额。因此，前面所说的“资产类会计账户一般是借方余额”不是指这些调整账户。

## 复习思考题

1. 会计科目的概念是什么？
2. 现行会计准则的会计科目与会计要素之间的关系如何？
3. 会计账户的概念是什么？
4. 会计账户与会计科目的关系如何？
5. 用“T”型账户描述不同类型会计账户的结构特点。

## 练习题

### 一、单项选择题

1. 1993 年工业企业会计科目包括（　　）类。
A. 3　　B. 4　　C. 5　　D. 6
2. 2007 年 1 月 1 日施行的《企业会计准则》规定会计科目包括（　　）类。
A. 3　　B. 4　　C. 5　　D. 6
3. 1993 年一般核算单位包括（　　）大会计要素。
A. 3　　B. 4　　C. 5　　D. 6
4. 2007 年 1 月 1 日施行的《企业会计准则》一级会计科目编码长度是（　　）。
A. 3 位　　B. 4 位　　C. 5 位　　D. 6 位
5. 总分类科目是（　　）会计科目。
A. 1 级　　B. 2 级　　C. 3 级　　D. 4 级

### 二、多项选择题

1. 损益类会计科目与（　　）会计要素相对应。
A. 资产　　B. 负债　　C. 收入　　D. 费用
2. 共同类会计科目可能属于（　　）会计要素之一。
A. 资产　　B. 负债　　C. 收入　　D. 费用
3. 一般来说，（　　）会计账户期初期末有借方余额（不考虑调整账户）。
A. 资产　　B. 负债　　C. 成本　　D. 所有者权益
4. 一般来说，（　　）会计账户期初期末有贷方余额。
A. 资产　　B. 负债　　C. 成本　　D. 所有者权益
5. 从会计要素角度，一般来说，（　　）会计账户期初期末没有余额。
A. 资产要素对应的　　B. 负债要素对应的
C. 收入要素对应的　　D. 费用要素对应的

## 三、请指出会计科目类型和会计要素

请在“会计科目类型”和“会计要素”中填入A~F的字母，“A”表示资产类会计科目或资产会计要素，“B”表示负债类会计科目或负债会计要素，“C”表示共同类会计科目或所有者权益会计要素，“D”表示所有者权益类会计科目或收入会计要素，“E”表示成本类会计科目或费用会计要素，“F”表示损益类会计科目或利润会计要素。

| 会计科目名称 | 会计科目类型 | 会计要素 |
| --- | --- | --- |
| 主营业务收入 | | |
| 银行存款 | | |
| 短期借款 | | |
| 实收资本 | | |
| 生产成本 | | |
| 营业外支出 | | |

## 四、“T”型账户

1. 某核算单位某月“固定资产”总分类账户的资料如下：

期初借方余额2 000万元；

2日，购入一台100万元的机器设备；

5日，将一台原值为500万元的机器设备变卖；

15日，一项自建的在建工程完工，转为固定资产，价值为200万元。

请画出“固定资产”总分类账户该月的“T”型账户。

2. 某核算单位某月“短期借款”总分类账户的资料如下：

期初贷方余额1 000万元；

3日，向银行借入为期半年的借款200万元；

7日，向银行借入为期3个月的借款200万元；

17日，用银行存款归还短期借款200万元。

请画出“短期借款”总分类账户该月的“T”型账户。

# 第三章　复式记账原理

## 第一节　复式记账

### 一、记账方法

随着社会生产活动的发展，会计核算的记账方法经历了从单式记账到复式记账的变化发展过程。从前面的会计方法和会计循环内容来看，涉及账务处理过程的主要精髓在于记账的原理，依据不同的记账原理进行账务处理会产生不同的记录结果。

所谓记账方法，就是依据一定的记账原理，按照一定的记账符号和一定的记账规则，在有关账户内，记录所发生经济业务信息的方法。

单式记账方法所依据的记账原理不具有“系统性”的特点。因为单式记账方法只要求对所发生的经济业务作一个方面的记录，即使涉及两个方面的记录，也并不强调它们之间的内在联系，主要是因为单式记账方法所依据的原理不是建立在相互联系的基础上的，因此不系统。

复式记账方法所依据的记账原理是复式记账原理，除了系统性方面的特点外，前面已经提到，首先应该解决的是对核算单位的（时刻点）资金状况的描述问题，然后才是资金运动的问题。在描述核算单位的（时刻点）资金状况时，复式记账原理认为，任何核算单位的资金状况，可以从两个角度来看，不外乎是“资金占用”和“资金来源”。“资金占用”是指一个核算单位资金的存在“形态”，例如，资金是以库存现金（货币资金）的形态存在，还是以原材料（存货）的形态存在等（这里所说的“形态”与物理学的物质形态有些许区别）。但是仅仅解决了资金的存在“形态”问题并不系统，因为“资金占用”并没有说明这些资金的来源怎样。因此还有一个资金的来源问题。“资金来源”是指一个核算单位资金的来源是怎样的，从来源来看，不外乎是负债和所有者权益两个方面。

“资金占用”是从资金的存在“形态”角度来描述资金的；“资金来源”是从资金的来源角度来描述资金的，因此，“资金占用”和“资金来源”是从两个角度来描述同一个事物——“资金”，只不过两者在描述问题上有些不同，“资金占用”与“形态”有一定的联系，“资金来源”主要是从数额方面，并没有与具体的“形态”联系在一起（除非以后的会计核算在资金总额内部又细分为哪些“资金占用”一定与哪些“资金来源”相对应）。那么，两者之间的关系怎样呢？显然，既然是从两个角度，描述的是同一个事物，则“资金占用=资金来源”。

从上述单式记账与复式记账的差别来看，复式记账所依据的原理更具有系统性，因为复式记账原理注重从两个方面来描述核算单位的资金状况，并注重它们之间的内在联系。复式记账方法是按照复式记账原理，对每项经济业务，必须依据平衡原理（如以相等金额）在两个或两个以上相互联系的账户内进行登记有关信息的方法。复式记账法有借贷记账法、收付记账法、增减记账法等。

## 二、会计等式

前面已经提到“资金占用=资金来源”这个等式，为了能够更好地理解“资金”之间的内在联系，现从会计要素角度，以及从时刻点、时期角度来描述会计等式。

### （一）基本会计等式

主要有六大会计要素：资产、负债、所有者权益、收入、费用和利润。在这六大会计要素中，各要素之间的关系怎样？会计等式有什么特点呢？

1. 时刻点会计等式——“资产=负债+所有者权益”

这个等式主要描述了“资产”、“负债”、“所有者权益”这三个会计要素之间的相互关系，这三个会计要素之间的关系可以从“资金占用=资金来源”这个等式得到理解，“资产”要素的主要特点与“资金占用”类似，一个核算单位的“资金来源”不外乎是负债和所有者权益。

这个等式是一个时刻点等式，因为从数额上来看，这三个会计要素所反映的数额主要是与时刻点联系在一起的。从理论上讲，如果不受具体会计核算规定的影响，一个核算单位的这三个会计要素所反映的数额应该是时刻相等的。

从数额上来说，“负债=债权人权益”，因此，该会计等式又可以描述为“资产=权益”。

［例3-1］ 投资者A投入资本1 000万元，存入银行。

这项经济业务一方面会引起核算单位的银行存款增加；另一方面，应该记录所有者权益发生变化。从等式来看，“资产=负债+所有者权益”等式两边增加，核算单位的资金总额增加。

［例3-2］ 核算单位从银行借入为期半年、年利率为5%的短期借款200万元，存入银行。

这项经济业务一方面会引起核算单位的银行存款增加；另一方面，核算单位的负债也会增加。从等式来看，“资产=负债+所有者权益”等式两边增加，核算单位的资金总额增加。

［例3-3］ 核算单位用银行存款70万元购买固定资产。

这项经济业务一方面引起核算单位减少银行存款70万元；另一方面，因为买来了固定资产，因此，固定资产增加了70万元。即一项资产增加，另一项资产减少。从等式来看，“资产 = 负债 + 所有者权益” 等式两边不变，核算单位的资金总额不变。

［例 3 - 4］　核算单位用银行存款 20 万元偿还前欠甲公司的货款。

这项经济业务涉及前欠甲公司的货款，是核算单位的负债。核算单位用银行存款 20 万元偿还债务，这项经济业务一方面会引起核算单位银行存款的减少；另一方面，负债也会减少。从等式来看，“资产 = 负债 + 所有者权益” 等式两边减少，核算单位的资金总额减少。

［例 3 - 5］　核算单位将资本公积转增资本（实收资本或股本）1 000 万元。

这项经济业务涉及所有者权益内部的结转，不涉及“资产”或“负债”的变化，即一项所有者权益增加；另一项所有者权益减少。从等式来看，“资产 = 负债 + 所有者权益”等式两边不变，核算单位的资金总额不变。

［例 3 - 6］　将前欠乙公司的货款 10 万元转为对核算单位的投资。

这项经济业务涉及前欠乙公司的货款，是核算单位的负债。如果将该负债转为对核算单位的投资，站在核算单位的角度，这项经济业务一方面核算单位的负债减少；另一方面，核算单位的所有者权益会增加。从等式来看，“资产 = 负债 + 所有者权益” 等式两边不变，核算单位的资金总额不变。

［例 3 - 7］　核算单位从银行借款 30 万元，期限是半年，直接归还应付丙单位的货款。

在实际工作中，一般向银行借款，大多要经过核算单位的银行存款账户，偿还丙单位的货款时再从银行存款账户中划出，当然具体是否要经过核算单位的银行存款账户以实际结算时的过程为准。但这里仅是为了说明经济业务对会计等式的影响，因此，不过于考虑具体结算过程。这项经济业务一方面会引起核算单位的负债减少；另一方面，对银行的借款（另一项负债）增加。从等式来看，“资产 = 负债 + 所有者权益” 等式两边不变，核算单位的资金总额不变。

［例 3 - 8］　生产领用原材料 1 000 元（假设原材料按实际成本核算）。

这项经济业务涉及核算单位的生产领用原材料，生产过程中所涉及的科目账户即成本类的科目账户，在与六大会计要素的对应关系中，应该属于“资产”会计要素。因此，从会计要素角度，这项经济业务一方面引起“资产”的减少；另一方面，引起“资产”的增加。从等式来看，“资产 = 负债 + 所有者权益” 等式两边不变，核算单位的资金总额不变。

2. 时期会计等式——“收入 - 费用 = 利润”

一个核算单位不可能不进行生产经营，进行经营活动就会有经营成果，这在前面会计要素部分已经提到，因此，反映核算单位经营成果方面的会计要素之间的关系是怎样呢？从核算单位的经营成果以及对经营成果的核算来看，都应该有会计等式“收入 - 费用 = 利润”。

因为取得“收入”一般都有相配比的“费用”发生，因此，在核算“利润”时，“收入”一般不是纯“利润”，应该减去相应的“费用”。

由于核算单位取得“收入”与个人取得工资等收入一样，会计理论认为“收入”都是人们经过劳动过程取得的，从现时的劳动形式来看，劳动是需要一定时间过程的，没有人会认为一个月的劳动只需瞬时完成，也没有人认为一个人的月工资收入是瞬时劳动取得的（至少会计核算是按照时期来核算“利润”的），因此，“收入”是与一段时期联系在一起的（除非以后劳动形式发生了改变，以及会计核算也随之发生改变）。会计等式“收入 - 费用 = 利润”是一个时期等式。

### （二）扩展的会计等式

"资产 = 负债 + 所有者权益 + （收入 - 费用）"

前面已经提到，"资产 = 负债 + 所有者权益"这个会计等式是时刻成立的，"收入 - 费用 = 利润"这个会计等式是与一段时期联系在一起的。但在实际应用中，会计等式不可能不受到会计准则、会计制度规定的影响，如果考虑到各种核算规定的影响，从会计要素与会计科目（账户）对应关系的角度，"资产 = 负债 + 所有者权益"这个会计等式并不一定时刻相等。

从会计要素与会计科目（账户）对应关系的角度以及数额之间关系的角度，"收入"会计要素与"损益类"部分表现为收益的会计科目（账户）联系在一起，"费用"会计要素与"损益类"部分表现为费用的会计科目（账户）联系在一起，并且"损益类"会计账户具有时期核算的特点。即"损益类"会计账户在时期中通常不需结转到"本年利润"，在时期结束应该结转到"本年利润"时才结转到"本年利润"账户。那么，在时期中，从数额上来看，"资产 = 负债 + 所有者权益"这个会计等式是否会相等呢？

为了要说明这个问题，现通过一个简略的例子来分析会计等式，这个例子省略了若干具体的内容（如具体账户名称问题、税额问题等）。

在图 3 - 1 中，假设某核算单位在 A 时刻点的资产、负债及所有者权益数额列示在 A 框中，在时刻点 A 处，从数额上来看，"资产 = 负债 + 所有者权益"等式成立。A 和 B 时刻点之间存在一段时期，假设在这段时期内的 Z 时刻点处，该核算单位将一件价值 10 万元的库存商品销售出去，取得银行存款 30 万元，同时，因该核算单位的该件库存商品的所有权发生了转移，库存商品减少了 10 万元，即原有的两件库存商品因销售出去了一件，还剩下一件 10 万元的库存商品。那么，按照会计核算规定，在 Z 时刻点，应立即在银行存款账户上反映收到的银行存款，并且应立即在库存商品账户上反映库存商品的减少，这两个账户的变化是在 Z 时刻点立即反映出来的。同样，按照会计核算规定，在 Z 时刻点，并没有立即核算利润，取得的"收入"暂时记在属于"收入"会计要素的账户上（如主营业务收入）；与"收入"相配比的"费用"暂记在属于"费用"会计要素的账户上（如主营业务成本）。这样的话，在 Z 时刻点上，负债和所有者权益账户的数额并没有及时变化（因为有"收入"、"费用"，应该有"利润"），这主要是因为会计核算规定要到时刻点 B，才能将这些"损益类"账户结转到"本年利润"。"本年利润"属于所有者权益类账户，因此，到时刻点 B，所有者权益变成了 1 020 万元，"资产 = 负债 + 所有者权益"会计等式成立，"收入"、"费用"会计要素相应的账户借贷发生额的差额为零。

在时刻点 Z，因为会计核算规定的影响，会计等式"资产 = 负债 + 所有者权益"并不成立，那么，在时刻点 Z，应该怎样来描述这个会计等式呢？因为在时刻点 Z 没有及时将"收入"、"费用"进行计算，得到"利润"，因此，在时刻点 Z，就有扩展的会计等式——"资产 = 负债 + 所有者权益 + （收入 - 费用）"。

"本年利润"账户参与了两个会计等式，一个是"收入 - 费用 = 利润"，通过这个等式，在会计期末可以把一定时期内实现的"利润"计算放在"本年利润"账户；另一方面，"本年利润"是属于"所有者权益"类账户，因此，"本年利润"在会计等式"资产

=负债+所有者权益”中，包括在“所有者权益”中。

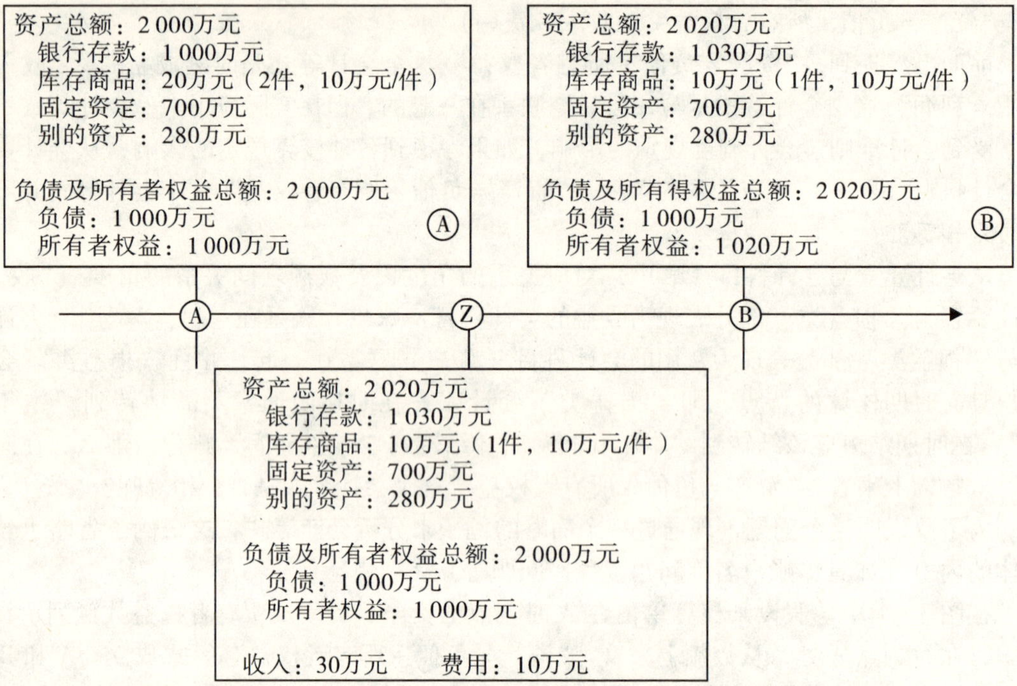


图 3－1　扩展会计等式解释图

通过上面的分析，“资产=负债+所有者权益”是时刻点等式，且是最基本的等式，“收入－费用=利润”是与一段时期联系在一起的，“资产=负债+所有者权益”成立的前提之一是“收入”、“费用”会计要素相应的账户内没有数额，或者说都已参与了计算利润。在某个时刻点，如果“收入”、“费用”会计要素相应的账户内仍有数额存在，则“资产=负债+所有者权益”未必能够成立，此时，应该是扩展的会计等式成立，这主要是因为受到了会计核算规定的影响（利润的核算具有时期性）。如果假设能够随时将“收入”、“费用”会计要素相应的账户数额结算到“本年利润”，则时刻有“资产=负债+所有者权益”会计等式成立。

# 第二节　借贷记账法

## 一、借贷记账法

借贷记账法是复式记账法的一种，是依据复式记账原理，以“借”、“贷”作为记账符号，以“有借必有贷、借贷必相等”为记账规则，在两个或两个以上相互联系的账户内记录所发生的经济业务信息的方法。

借贷记账法中的“借”、“贷”原来的意义包括了债权债务关系，但随着会计的发展，“借”、“贷”已逐步失去了原有的意义，变成了一种专门的记账符号。

借贷记账法的特点：

1. 依据复式记账原理

复式记账原理的主要内容有：在各种假设的基础上，对核算单位资金状况的描述；对核算单位资金运动的描述；对核算单位资金之间的数额关系的描述；对核算单位会计账户的结构、记录内容的抽象；记账方法；记账结果之间的内在规律性，等等。

2. 以“借”、“贷”作为记账符号

在借贷记账法中，“借”、“贷”已作为具体的记账符号表现在会计分录中，表现在会计账簿中，甚至有时表现在会计报表填列分析过程中，可以说，“到处”都有“借”、“贷”记账符号的影子。

3. 以“有借必有贷、借贷必相等”为记账规则

在借贷记账法中，要求在编制会计分录时，必须借记与贷记同时出现，且借记和贷记的金额必须相等；在依据记账凭证登记账簿时，必须按照记账凭证上的借记和贷记登记入账。

4. 记账结果不影响会计等式的成立

从前面分析的若干经济业务的例子中可以看出，只要在规定的账户内记录所发生的经济业务信息，所发生经济业务的数额变化不会导致上述会计等式的不成立。

5. 账户不进行固定分类

任何一种记账方法，在原理层面分析问题时，一般较少考虑具体账户的核算内容，或者说分析时带有一般性。同样，在借贷记账法中，在不涉及具体账户的核算内容时，从数额关系来说，对账户是不进行固定分类的。因为从某一会计核算期来看，任何一个账户，期初不外乎是借方余额、没有余额、贷方余额三种可能，在该会计核算期内，只要同时考虑到借方发生额、贷方发生额，即可以计算出期末余额，计算方法具有普遍性。

但是，应当指出的是，账户在具体应用时不可能不涉及具体核算内容，例如，“固定资产”账户，一般是借方余额，为什么“固定资产”账户不会出现“贷方余额”呢？这是因为与“固定资产”账户的核算内容有关系，“固定资产”账户“借方余额”表示具体“存在”多少数额的固定资产原值，但“固定资产”账户“贷方余额”表示什么意义？难以解释，至少是在现行会计准则制度之内难以解释。

那么，是否借贷记账法不具有“账户不进行固定分类”这一特点呢？不是的，在不涉及具体账户核算内容，只涉及借贷记账法的特点时，显然具有这一特点，这是考虑问题的角度不同的缘故。在前面列示出账户的具体核算内容的目的，是为了区分不同的角度。

## 二、会计分录

在会计业务处理过程中，其中相当重要的一个环节是填制记账凭证，填制记账凭证的

主要内容是确定会计分录。在借贷记账法中，会计分录是对所发生的经济业务进行归类描述的专门形式，主要依据借贷记账方法，来确定应借应贷账户及其发生金额等参数。在实务中，除特殊用途的会计分录外，会计分录与记账凭证是分不开的，但在教学中，不可能对每项经济业务都采用填制记账凭证的形式来进行处理，更多的时候是将记账凭证中的主要内容——会计分录以下述形式描述出来（以［例3-1］至［例3-8］为例）。

1. 借：银行存款　　10 000 000
　　贷：实收资本　　10 000 000
2. 借：银行存款　　2 000 000
　　贷：短期借款　　2 000 000
3. 借：固定资产　　700 000
　　贷：银行存款　　700 000
4. 借：应付账款　　200 000
　　贷：银行存款　　200 000
5. 借：资本公积　　10 000 000
　　贷：实收资本　　10 000 000
6. 借：应付账款　　100 000
　　贷：实收资本　　100 000
7. 借：应付账款　　300 000
　　贷：短期借款　　300 000
8. 借：生产成本　　1 000
　　贷：原材料　　1 000

编写会计分录时，可按照下述步骤进行：分析经济业务内容；考虑可能引起哪些账户发生变化；会计分录的借贷方向；会计分录的发生数额等参数；写出会计分录。

会计分录按照应借应贷账户的数量来进行分类，可以分为简单会计分录和复合会计分录。简单会计分录是指一借一贷的会计分录，例如，前面［例3-1］至［例3-8］都是简单会计分录；复合会计分录是指一借多贷、多借一贷或多借多贷的会计分录。

［例3-9］　核算单位5日购入原材料一批，价款100万元，增值税额17万元，核算单位已用银行存款将价税付讫，材料尚未验收入库（核算单位采用计划成本核算）。

借：材料采购　　1 000 000
　　应交税费——应交增值税（进项税额）　　170 000
　贷：银行存款　　1 170 000

该例的会计分录是多借一贷的复合会计分录。

［例3-10］　核算单位10日销售库存商品100件，销售价款300万元，增值税额51万元，核算单位已收到银行存款351万元。

借：银行存款　　3 510 000
　贷：主营业务收入　　3 000 000
　　应交税费——应交增值税（销项税额）　　510 000

该例的会计分录是一借多贷的复合会计分录。

另外，在复合会计分录中，一般不鼓励编写多借多贷的会计分录。因为多借多贷的会计分录按对应关系来分类，不外乎有两种可能：一是对应关系不清楚；二是对应关系相当清楚。不鼓励编写对应关系不清楚的会计分录；对于对应关系相当清楚的会计分录，也可以按照对应关系进行分解，分解成为一借一贷、一借多贷或多借一贷的会计分录，当然在分解过程中，要按照经济业务内容来进行分解，不要进行“任意”分解。

# 第三节　试算平衡

## 一、试算平衡表

在会计实务中，会计核算过程有可能因为各种因素的影响产生错误。对可能发生的错误如何进行检查？例如，编写了会计分录，怎样来检查会计分录的正确性？除了会计人员应该通过审核的办法来检查外，在会计实务中，对于有关数额的检查可以通过编制试算平衡表来进行。

例如，表3-1是某核算单位某时期的一个简略的试算平衡表。通过编制试算平衡表，可以检查编制的会计分录是否平衡，以进一步检查会计分录是否正确。但试算平衡表只能检查出包括发生数额是否平衡等问题在内的部分问题，还有一些问题如应借应贷的会计科目名称错误，则还需要依赖于会计人员对会计分录的审核来进行检查。

表3-1　一个简略的试算平衡表

| 账户 | 期初余额 | | 本期发生 | | 期末余额 | |
|---|---|---|---|---|---|---|
| | 借方 | 贷方 | 借方 | 贷方 | 借方 | 贷方 |
| 库存现金 | 2 000 | | 1 000 | 2 000 | 1 000 | |
| 银行存款 | 20 000 000 | | 20 000 000 | 30 000 000 | 10 000 000 | |
| 原材料 | 5 000 000 | | 30 000 000 | 20 000 000 | 15 000 000 | |
| 生产成本 | 7 000 000 | | 7 000 000 | 7 000 000 | 7 000 000 | |
| 库存商品 | 15 000 000 | | 7 000 000 | 7 000 000 | 15 000 000 | |
| 固定资产 | 55 000 000 | | 10 000 000 | 5 000 000 | 60 000 000 | |
| 累计折旧 | -5 000 000 | | 1 000 000 | 1 100 000 | -5 100 000 | |
| 短期借款 | | 22 000 000 | 11 000 000 | 5 000 000 | | 16 000 000 |
| 应付账款 | | 12 002 000 | 11 301 000 | 11 000 000 | | 11 701 000 |
| 实收资本 | | 42 000 000 | | 10 000 000 | | 52 000 000 |
| 盈余公积 | | 20 000 000 | | 200 000 | | 20 200 000 |
| 利润分配 | | 1 000 000 | | 1 000 000 | | 2 000 000 |
| 合计 | 97 002 000 | 97 002 000 | 97 302 000 | 97 302 000 | 101 901 000 | 101 901 000 |

由于累计折旧账户是固定资产的调整账户，也是资产类的会计账户，因此，在试算平衡表中列示时与固定资产列示在一起，以“-”号填列在借方表示实际上是贷方余额。由于损益类会计账户一般没有余额，但有发生额，在该表中未列示出来，本期发生的数额不包括该部分，因此，是一个简略的试算平衡表。

## 二、试算平衡表公式的证明

1. 试算平衡表公式

在一个核算单位的试算平衡表中，存在着多个试算平衡表公式，除“合计”行以外的“横行”数额之间存在一定的等式关系外，主要试算平衡表公式包括：

（1）全部账户期初借方余额合计数 = 全部账户期初贷方余额合计数。

（2）全部账户本期借方发生额合计数 = 全部账户本期贷方发生额合计数。

（3）全部账户期末借方余额合计数 = 全部账户期末贷方余额合计数。

那么，怎样来证明这些试算平衡表公式是否成立呢？

在上面所列示的三个“试算平衡表公式”中，要对这些公式进行导证有一定的难度，因为一方面要注意时间，即注意各数额之间的时间关系；另一方面，因为所涉及的账户较多，一时难以找到解决问题的着眼点。

在上述三个试算平衡表公式中，第（1）等式与第（3）等式有类似的地方，第（1）等式涉及“期初”，第（3）等式涉及“期末”，这两个等式类似的地方在于任何两个连续的时期，前一个时期的期末即是后一个时期的期初。即站在同一个时刻点“B”来看，前一时期的第（3）等式即是后一时期的第（1）等式。因此，第（1）等式的导证和第（3）等式的导证实际上是一样的。

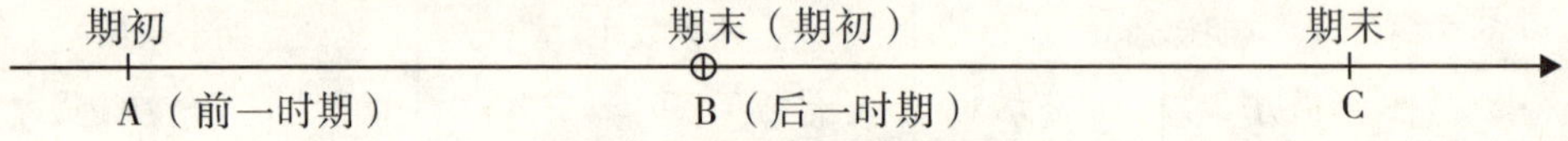


图3-2　期初与期末的关系

2. 对会计分录的描述

仅能说明第（1）等式与第（3）等式之间的关系还不是导证的结果，只能说有了部分导证的思路。那么第（2）等式呢？第（2）等式主要是涉及“发生额”的，“发生额”通常是与某一段时期所发生的经济业务联系在一起的。站在“试算平衡表公式”的角度，这些发生的经济业务表现为会计分录，又因为第（1）等式和第（3）等式主要是“余额”，从某一账户来说，“余额”和“发生额”之间是有一定的内在联系的，因此，分析会计分录是对上述三个“试算平衡表公式”进行导证的主要着眼点。

接着重要的步骤就是对会计分录进行描述，为了能够通过会计分录来导证“试算平衡表公式”，首先要解决的问题是要能够以公式的形式来描述会计分录，只要能够用公式的形式描述会计分录，就可以将描述的公式代入到公式导证的过程中去，一方面，这种处理形式方便了对“试算平衡表公式”的导证；另一方面，能够给阅读者以更为直观的理解。

因为会计分录分为借记和贷记两个方面，因此，在描述时要区分借记或贷记，同时还要区分不同的科目（账户）名称，以及发生的数额。为了能够变化为公式形式，可以采用将会计分录的借记和贷记分别相加并相等的办法，这是因为借贷记账法是“有借必有贷，借贷必相等”的。例如，对于下面的会计分录：

借：库存现金　　　　1 000

　贷：银行存款　　　　1 000

可以描述为：

［库存现金（借发）1000］=［银行存款（贷发）1000］

如果将等式右边的数项移到等式的左边，则上述等式还可以表示为：

［库存现金（借发）1000］-［银行存款（贷发）1000］=0

3. 试算平衡表公式导证

为了完成对“试算平衡表公式”的导证，可以有两种做法，分别是：

第一，先假设第（1）等式成立，描述第（2）等式并导证第（2）等式，经过变换计算，得到第（3）等式，即导证了第（3）等式，导证了第（3）等式实际上基本导证了第（1）等式，但还要对前面的假设进行说明。

第二，直接依照时间的顺序，即先有第（1）等式，然后描述第（2）等式并导证第（2）等式，经过变换计算，得到第（3）等式，即导证了第（3）等式。

现在利用“直接依照时间的顺序”的办法来进行导证。不妨假设共有20个账户（或假设有 $n$ 个账户），账户名称分别为“账户01”、“账户02”、……“账户20”，并假设前10个账户（或假设前 $m$ 个账户）通常是借方余额的，后10个账户（或假设后 $n-m$ 个账户）通常是贷方余额的，余额通常为零的账户可以归为任一类。

第一，先看第（1）等式，要说明第（1）等式，需从一个单位的创建开始，即假设在创建前，这个单位的第（1）等式应该是：

∑每账户期初借方余额为零 = ∑每账户期初贷方余额为零

即单位不存在时，第（1）等式应该是“0 = 0”的。

或描述为：

［账户01（初借余）0］+［账户02（初借余）0］+……+［账户10（初借余）0］=［账户11（初贷余）0］+［账户12（初贷余）0］+……+［账户20（初贷余）0］——①

第二，接着看第（2）等式，即要导证第（2）等式。第（2）等式只要说明每一个会计分录和该时期的所有会计分录之间的关系即可，每一会计分录都可列示为一个等式，每个等式都是借记项放在等式的左边，贷记项放在等式的右边，把对每个会计分录所描述的等式的左右两部分分别相加，得到一个总等式即是第（2）等式。可以将第（2）等式描述为：

［账户01（借发）JF］+［账户02（借发）JF］+……+［账户10（借发）JF］+［账户11（借发）JF］+［账户12（借发）JF］+……+［账户20（借发）JF］=［账户01（贷发）DF］+［账户02（贷发）DF］+……+［账户10（贷发）DF］+［账户11（贷发）DF］+［账户12（贷发）DF］+……+［账户20（贷发）DF］——②

第三，接着导证第（3）等式，可以将等式②作适当变换，把通常是借方余额的账户的“借发”或“贷发”都移到等式的左边，并注意符号变化；把通常是贷方余额的账户的“借发”或“贷发”都移到等式的右边，并注意符号变化，可以得到一个等式：

[账户01（借发）JF] - [账户01（贷发）DF]

+ [账户02（借发）JF] - [账户02（贷发）DF]

+……

+ [账户10（借发）JF] - [账户10（贷发）DF]

= [账户11（贷发）DF] - [账户11（借发）JF]

+ [账户12（贷发）DF] - [账户12（借发）JF]

+……

+ [账户20（贷发）DF] - [账户20（借发）JF] —— ③

接着将等式①和等式③的两边分别相加，得到

[账户01（初借余）0] + [账户01（借发）JF] - [账户01（贷发）DF]

+ [账户02（初借余）0] + [账户02（借发）JF] - [账户02（贷发）DF]

+……

+ [账户10（初借余）0] + [账户10（借发）JF] - [账户10（贷发）DF]

= [账户11（初贷余）0] + [账户11（贷发）DF] - [账户11（借发）JF]

+ [账户12（初贷余）0] + [账户12（贷发）DF] - [账户12（借发）JF]

+……

+ [账户20（初贷余）0] + [账户20（贷发）DF] - [账户20（借发）JF] —— ④

即得到：

[账户01（末借余）JY] + [账户02（末借余）JY] + …… + [账户10（末借余）JY] = [账户11（末贷余）DY] + [账户12（末贷余）DY] + …… + [账户20（末贷余）DY] —— ⑤

等式⑤即为上述第（3）等式。

应该说明的是：（i）不论等式④的期初余额是否为零，都可以推导到等式⑤。（ii）在等式④到等式⑤的推导过程中，不论某账户是否改变余额方向，都可以推导到等式⑤，只不过所得到的贷方余额的账户数以及借方余额的账户数与期初的不一样而已。

## 复习思考题

1. 什么是记账方法?
2. 单式记账法与复式记账法的区别是什么?
3. 主要的会计等式有哪些?
4. 怎样理解扩展的会计等式?
5. 什么是借贷记账法?
6. 借贷记账法的主要特点是什么?
7. 编写会计分录的步骤是什么?
8. 试算平衡表的作用有哪些?

## 练习题

### 一、单项选择题

1. 核算单位创建之初，没有发生任何经济业务，此时“全部账户期初借方余额合计数=全部账户期初贷方余额合计数”的特点是（　　）。

A. 0=0　　B. 不能肯定

C. 不是等式　　D. 10 000 000=10 000 000

2. “资金占用”和“资金来源”的关系是（　　）。

A. 大于　　B. 小于　　C. 相等　　D. 不相等

3. “资产=负债+所有者权益”是（　　）等式。

A. 时刻点　　B. 时期　　C. 时刻点或时期　　D. 不是等式

4. “收入-费用=利润”是（　　）等式。

A. 时刻点　　B. 时期　　C. 时刻点或时期　　D. 不是等式

5. “资产=负债+所有者权益”和“收入-费用=利润”是通过（　　）联系在一起的。

A. “实收资本”　　B. “资本公积”　　C. “本年利润”　　D. “营业外收入”

### 二、多项选择题

1. （　　）是试算平衡表公式。

A. 全部账户期初借方余额合计数=全部账户期初贷方余额合计数

B. 全部账户本期借方发生额合计数=全部账户本期贷方发生额合计数

C. 全部账户期末借方余额合计数=全部账户期末贷方余额合计数

D. 资产=负债+所有者权益+（收入-费用）

2. 复式记账方法包括（　　）。

A. 借贷记账法　　B. 单式记账法　　C. 收付记账法　　D. 增减记账法

3. 鼓励编写的会计分录形式包括（　　）。

A. 一借一贷　　B. 一借多贷　　C. 多借一贷　　D. 多借多贷

4. 从银行提取现金，这项经济业务会引起（　　）账户变化。

A. 原材料　　B. 库存现金　　C. 银行存款　　D. 固定资产

5. 属于基本会计等式的是（　　）。

A. 资产＝负债＋所有者权益

B. 资产＝负债＋所有者权益＋（收入－费用）

C. 收入－费用＝利润

D. 资产＝负债＋权益

## 三、试说明下列经济业务会引起的会计要素的变化，以及对会计等式的影响。

1. 用银行存款支付生产车间办公用品费 2 000 元。
2. 生产的 A 产品 100 件完工入库，单位生产成本是 1 000 元。
3. 用银行存款发放职工工资 7 000 万元。
4. 用银行存款缴纳应交所得税 30 万元。
5. 收到上月对甲单位销售 A 产品的销货款，价税合计 1 170 000 元，存入银行。
6. 用银行存款 1 170 000 元偿还上月欠乙单位的购货款。
7. 用库存现金支付生产车间机器维修费 200 元。

## 四、这是一个简略的试算平衡表，请在标示有括号的地方填入数额。

| 账户 | 期初余额 | | 本期发生 | | 期末余额 | |
|---|---|---|---|---|---|---|
| | 借方 | 贷方 | 借方 | 贷方 | 借方 | 贷方 |
| 库存现金 | 2 000 | | 1 000 | 2 000 | 1 000 | |
| 银行存款 | 30 000 000 | | 30 000 000 | 40 000 000 | （　） | |
| 原材料 | 7 000 000 | | 30 000 000 | 20 000 000 | 17 000 000 | |
| 生产成本 | 5 000 000 | | 7 000 000 | 7 000 000 | 5 000 000 | |
| 库存商品 | 16 000 000 | | 7 000 000 | 7 000 000 | （　） | |
| 固定资产 | 55 000 000 | | 10 000 000 | 5 000 000 | 60 000 000 | |
| 累计折旧 | －5 000 000 | | 1 000 000 | 1 100 000 | －5 100 000 | |
| 短期借款 | | 22 000 000 | 11 000 000 | 5 000 000 | | 16 000 000 |
| 应付账款 | | （　） | 11 301 000 | 11 000 000 | | 12 701 000 |
| 实收资本 | | （　） | | 10 000 000 | | 62 000 000 |
| 盈余公积 | | 20 000 000 | | 200 000 | | 20 200 000 |
| 利润分配 | | 1 000 000 | | 1 000 000 | | 2 000 000 |
| 合计 | 108 002 000 | 108 002 000 | 107 302 000 | 107 302 000 | （　） | 112 901 000 |

# 第四章　主要经济业务的核算

## 第一节　主要经济业务核算内容

在一般工业企业的会计核算中，涉及的主要经济业务包括：筹集资金的核算、供应过程的核算、生产过程的核算、销售过程的核算以及利润和利润分配的核算等。不论核算单位建立时间长短，因为涉及的主要经济业务是类似的，因此，所发生的经济业务会有一定的重复性。

### 一、筹集资金的核算内容

在核算单位创建之初，什么经济业务也没有发生，这时，核算单位是没有资金的，没有资金占用，当然也没有资金来源。没有资金，核算单位是不能注册成立的，更谈不上进行生产经营等活动。如果站在财务管理的角度，筹集资金不仅包括从单位外部而来的资金来源的内容，还包括留存利润形成的资金来源的内容。但这里是从会计核算的角度，留存利润有关的核算内容放在利润和利润分配的核算内容中。

筹集资金的核算内容主要包括：投资者投入资本、流动负债、非流动负债。

### 二、供应过程的核算内容

核算单位除了要筹集一定数额的资金外，还要考虑为生产做准备。现代化的工业企业生产，固定资产是不可缺少的，因此，尽管固定资产的使用年限较长，再购建的时间间隔长，与原材料的耗费周期不同，但供应过程的核算内容还是应该包括购建固定资产的核算。另外，进行产品的生产除需要投入一定的人工耗费、各项间接费用外，还需要投入原材料。从准备时间上来看，由于原材料的准备工作与人工耗费、各项间接费用所涉及的人财物的准备工作有所不同，因此，供应过程的核算内容应该包括采购材料的核算，购买材料是为核算单位的生产做好准备。

需要说明的是，为外单位提供加工，一般不会涉及提供主要材料，并且在加工过程中的成本核算与自己生产产品的核算过程类似，因此，不拟涉及这方面的核算内容。另外，从资金的使用效果来看，为了做好生产准备工作，应有足够的货币资金，才有可能不发生资金周转困难，因为货币资金的流动性较强，易于被交易对方所接受。

供应过程的核算内容主要包括：购建固定资产、采购材料、材料入库。

## 三、生产过程的核算内容

工业企业的生产过程因不同企业的成本核算对象不同，生产过程中涉及的成本计算项目也不同，但概括起来，成本计算项目不外是三个方面：直接材料、直接人工、制造费用。在生产过程中除人工耗费、各项间接费用外，还涉及原材料的领用，涉及各项耗费的归集和分配，涉及完工产品的入库。

生产过程的核算内容主要包括：领用原材料、生产费用的归集和分配、完工产品入库。

## 四、销售过程的核算内容

工业企业的再生产主要是通过销售完工产品（库存商品）获取利润，一方面，销售涉及取得收入；另一方面，销售涉及结转库存商品。在销售过程中，会涉及销售费用的发生，会涉及增值税的销项税额问题。除了主营业务外，还会涉及其他业务，尽管其他业务不能归类到工业企业的主营业务中，但因与工业企业的主营业务有着同样的结果，都是涉及营业利润的核算。因此，把其他业务内容也放到销售过程之中。

销售过程的核算内容主要包括：主营业务的核算、其他业务的核算、销售费用的核算。

## 五、利润和利润分配的核算内容

工业企业经过一段时期的生产经营，要核算利润，并且一般到了年终决算后要进行利润分配。从规定编制的财务会计报告来看，核算单位利润的核算一般具有“月”的时间性质，利润分配的核算一般具有“年度”的时间性质。利润的核算主要是和会计等式“收入－费用＝利润”联系在一起的，利润分配的核算是与会计等式“资产＝负债＋所有者权益”联系在一起的。

利润和利润分配的核算内容主要包括：“收入”、“费用”会计要素相应的损益类会计账户的核算、利润的核算、利润分配的核算。

表4－1 某核算单位12月初的期初余额

| 账户名称 | 借方余额 | 账户名称 | 贷方余额 |
|---|---|---|---|
| 库存现金 | 2 000 | 短期借款 | 5 000 000 |
| 银行存款 | 26 568 000 | 应付账款 | 17 552 985 |
| 应收账款 | 10 000 000 | ——P单位 | 7 552 985 |
| ——K单位 | 2 000 000 | ——Q单位 | 10 000 000 |
| ——L单位 | 8 000 000 | 预收账款 | 10 000 000 |
| 坏账准备 | －30 000 | ——R单位 | 5 000 000 |
| 预付账款 | 2 000 000 | ——S单位 | 5 000 000 |
| ——M单位 | 2 000 000 | 应交税费 | 200 000 |
| ——N单位 | 0 | 应交增值税（进项税额） | 0 |
| 材料采购 | 0 | 应交增值税（销项税额） | 0 |
| 原材料 | 3 000 000 | 未交增值税 | 200 000 |
| ——A材料 | 2 000 000 | | |
| ——B材料 | 1 000 000 | | |
| 材料成本差异 | 12 985 | 实收资本 | 28 500 000 |
| ——A材料成本差异 | 33 000 | ——U投资者 | 19 000 000 |
| ——B材料成本差异 | －20 015 | ——V投资者 | 9 500 000 |
| 库存商品 | 10 000 000 | 资本公积 | 3 000 000 |
| ——F产品 | 5 000 000 | ——资本溢价 | 3 000 000 |
| ——G产品 | 5 000 000 | 盈余公积 | 3 000 000 |
| 固定资产 | 50 000 000 | ——法定盈余公积 | 1 500 000 |
| 累计折旧 | －30 000 000 | ——任意盈余公积 | 1 500 000 |
| 生产成本 | 1 000 000 | 本年利润 | 5 000 000 |
| ——F产品 | 620 000 | 利润分配 | 300 000 |
| ——G产品 | 380 000 | ——未分配利润 | 300 000 |
| 资产总计 | 72 552 985 | 负债及所有者权益总计 | 72 552 985 |

表4－1中，短期借款500万元是以前月份借入的，期限是半年，年利率是6%，按月支付利息。

表4－1中，原材料中，A材料2 000吨，计划成本为1 000元/吨；B材料2 000吨，计划成本为500元/吨。在产品的结存信息略。

表4－1的库存商品中，F产品按实际成本核算，先进先出法，具体结存信息如表4－2所示。

表4－2　F产品月初结存信息

| 数量（单位：米） | 单位成本（单位：元） | 金额（单位：元） |
| --- | --- | --- |
| 101 | 10 000 | 1 010 000 |
| 380 | 10 500 | 3 990 000 |

表4－1的库存商品中，G产品按实际成本核算，先进先出法，具体结存信息如表4－3所示。

表4－3　G产品月初结存信息

| 数量（单位：套） | 单位成本（单位：元） | 金额（单位：元） |
| --- | --- | --- |
| 160 | 5 000 | 800 000 |
| 800 | 5 250 | 4 200 000 |

上述应交税费——应交增值税（进项税额）、应交税费——应交增值税（销项税额）只是应交税费——应交增值税账户的栏目，此处单独列出其余额为零，是从应交税费——应交增值税账户整体意义上来看的，不是从进项税额、销项税额的栏目从年初到各月发生额之间的关系计算得到“余额”的。

本章各例题中的运输费用都是支付给运输单位的。

## 第二节　筹集资金的核算

### 一、筹集资金的核算应设置的账户

1. 实收资本或股本

“实收资本”账户是所有者权益类会计账户，主要核算投资者以各种资金形态投入的资本，各投资者记入“实收资本”账户的数额总计一般与核算单位的注册资本相符。贷方登记的是投资者投入的资本数额，借方登记的是减少的资本数额（要按照规定办理），期初期末贷方余额表示核算单位的注册资本金数额。该账户应该按投资者进行明细分类核算。

2. 资本公积

“资本公积”账户是所有者权益类会计账户，主要核算投资者以各种资金形态投入的、超过注册资本数额的资本溢价，以及直接计入所有者权益的利得和损失。核算单位应该设置“资本（或股本）溢价”、“其他资本公积”等明细分类核算账户进行明细分类核算。

3. 短期借款

“短期借款”账户是负债类会计账户，主要核算的是核算单位向银行或其他金融机构借入的，期限在一年内（包括一年）的借款。贷方登记的是借入的短期借款，借方登记的是归还的短期借款。期初期末贷方余额表示核算单位尚未偿还的短期借款。核算单位借入短期借款大多是因为生产周转的需要而借入的款项。

4. 长期借款

“长期借款”账户是负债类会计账户，主要核算的是核算单位向银行或其他金融机构借入的，期限在一年以上的借款。核算单位借入的长期借款，应该按照实际利率法进行利息调整，应该设置“本金”、“利息调整”等明细分类核算账户进行明细分类核算。

5. 应付债券

“应付债券”账户是负债类会计账户，主要核算的是核算单位通过向购买者发行债券，筹集必要的资金。能够通过发行债券方式筹集资金的核算单位一般是较大的，这是因为会发生各种发行费用。核算单位应该设置“面值”、“利息调整”和“应计利息”等明细分类账户进行明细分类核算。

## 二、举例

［例4－1］　核算单位收到投资者V追加投资1 350万元，占注册资本5 700万元的三分之一，核算单位存入银行。（核算单位更改注册资本为5 700万元）

借：银行存款　　13 500 000

　贷：实收资本——V投资者　　9 500 000

　　　资本公积　　4 000 000

［例4－2］　核算单位收到投资者W投资2 700万元，占注册资本5 700万元的三分之一，核算单位存入银行。

借：银行存款　　27 000 000

　贷：实收资本——W投资者　　19 000 000

　　　资本公积　　8 000 000

［例4－3］　核算单位从银行借入为期半年、年利率为6%的短期借款200万元，存入银行。

借：银行存款　　2 000 000

　贷：短期借款　　2 000 000

［例4－4］　核算单位从银行借入为期2年、年利率为6.5%的长期借款700万元，存入银行，假设没有各种借款手续费。

借：银行存款　　7 000 000

　贷：长期借款——本金　　7 000 000

［例4－5］　核算单位按面值发行债券5万张，面值为1 000元，收到款项存入银行。

借：银行存款　　50 000 000

　贷：应付债券——面值　　50 000 000

# 第三节　供应过程的核算

## 一、供应过程的核算应设置的账户

1. 固定资产

“固定资产”账户是资产类会计账户，主要核算的是核算单位通过各种途径获得的，价值较大，使用时间较长的各种房屋建筑物、生产经营过程中用到的机器设备、工具器具等。核算单位应该设置“固定资产登记簿”、“固定资产卡片”，按照固定资产的类别或使用状态以及方便核算的角度等进行明细分类核算。在会计电算化系统中，固定资产的编码是极为重要的，编码中应该包括上述核算需要在内的各种信息，以方便会计电算化系统对固定资产进行多种处理。

2. 材料采购和在途物资

“材料采购”和“在途物资”账户是资产类会计账户，两者主要是用在核算单位采购材料时，对采购过程中应计入材料采购成本的数额进行核算。两者的区别主要是，“材料采购”主要适用于计划成本核算，“在途物资”主要适用于实际成本核算。

从业务处理过程来看，材料的采购过程，主要涉及核算单位的财务部门、供应部门、仓库、供应商，暂不说采购前是否有审批手续，供应部门主要负责与供应商进行联系，包括订货、到货查验，甚至包括参与处理结算事宜；仓库一般不直接与供应商进行联系，仓库只负责验收入库。因此，从会计核算的角度来看，主要存在着两个方面的业务处理：一是涉及与供应商之间的结算问题；二是材料的验收入库问题。

“材料采购”账户借方登记发票账单已到的采购材料的实际数额，贷方登记验收入库的采购材料的实际数额，除发票账单已到但期末还未到货的材料采购外，“材料采购”账户一般是“平”的，即都已验收入库。

“在途物资”账户原来的主要目的是，在实际成本核算方法中，用于核算期末在途的采购材料，即真正在途的，此时，从会计核算来看，除在途的采购材料外，上述两个会计核算步骤就有可能合并为一个。如果要详细区分上述两个步骤，可以将“在途物资”用于所有的采购材料的核算中，并区分结算和验收入库的问题。

工业企业应计入采购材料的成本主要包括：材料的买价、运杂费、运输途中的合理损耗、入库前的挑选整理费用、各种税费等。

3. 原材料

“原材料”账户是资产类会计账户，主要核算的是核算单位仓库内的库存材料，借方登记的是验收入库的材料的实际成本（实际成本核算）或计划成本（计划成本核算），贷方登记的是领用的材料的实际成本（实际成本核算）或计划成本（计划成本核算），期初期末借方余额表示在库材料的实际数额（实际成本核算）或计划数额（计划成本核算）。

对于计划成本核算，“原材料”账户主要与“材料采购”、“材料成本差异”一起用于对核算单位的材料的核算，尽管“材料采购”账户可能出现在结算问题的会计处理中，也有可能出现在入库的会计处理中，但就其数额意义来说，主要是与“入库前”的材料联系在一起的；“原材料”账户和“材料成本差异”账户一起，主要与仓库的库存材料联系在一起，“原材料”账户记录的是计划数额，“材料成本差异”账户记录的是实际与计划的差异数额，“原材料”账户与“材料成本差异”账户一起反映的是库存材料的收发存数额（原材料总分类账户不按收发存详细列示出来，但包含有收发存的数额，明细分类账户则详细列示出来）。

对于实际成本核算，“原材料”账户主要与“在途物资”账户一起用于对核算单位的材料的核算，尽管“在途物资”账户可能出现在结算问题的会计处理中，也有可能出现在入库的会计处理中，但就其数额意义来说，主要是与“入库前”的材料联系在一起的；“原材料”账户主要与仓库的库存材料联系在一起，“原材料”账户记录的是库存材料的收发存数额。

简略地说，工业企业材料成本的核算主要是“收、发、存”的核算，在实际成本核算中，主要的核算方法有先进先出法、加权平均法、移动加权平均法等，2007 年 1 月 1 日施行的《企业会计准则》中不包括后进先出法。

4. 材料成本差异

“材料成本差异”账户是资产类会计账户，主要用于核算单位采用计划成本核算时，与“原材料”账户一起，反映库存材料的收发存数额，此时“原材料”账户记录的是计划数额，“材料成本差异”账户记录的是差异数额。“材料成本差异”账户是一个非独立意义的会计账户，是抵减附加账户，一定要与别的会计账户（“原材料”）一起，才能完整表示库存材料的收发存数额。

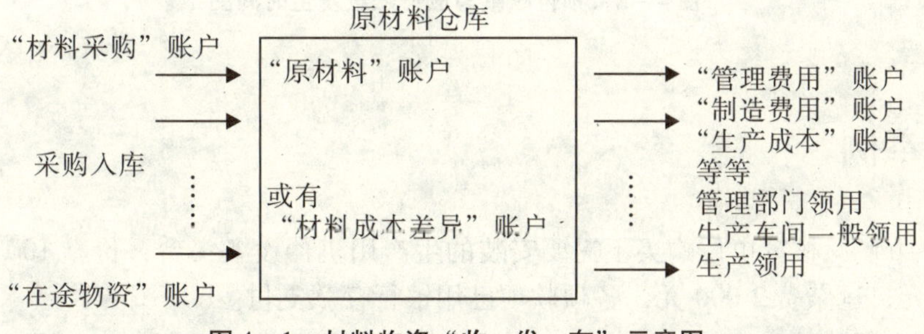


**图 4－1　材料物资“收、发、存”示意图**

5. 应交税费——应交增值税（进项税额）

“应交税费——应交增值税”账户是负债类会计账户。根据现行税法和会计准则制度对增值税计算、核算的规定，在中华人民共和国境内销售货物、修理修配劳务以及进口货物的单位和个人，是增值税的纳税义务人。核算单位涉及增值税的税务问题，应该设置“应交税费——应交增值税”账户，该账户包括借方多栏和贷方多栏，在借方多栏中，有一个“进项税额”栏，主要是记录核算单位从外单位购入材料物资时获得的完税凭证上记载的可以抵扣的进项税额，以及按照规定应记入“应交税费——应交增值税（进项税额）”的进项税额，如运费中可以按一定比例计算的数额等。

6. 应付账款

“应付账款”账户是负债类会计账户。应付账款的形成主要是因为核算单位从供应商处购买商品（如材料物资）或接受劳务，暂未将款项支付给供应商，即赊购。应付账款的特点是购销货物的业务或接受劳务的业务发生在前，应该支付的款项并未支付，因此，形成应付账款。“应付账款”账户贷方登记的是因上述原因形成的应付账款，借方登记的是归还的应付账款，期初期末一般是贷方余额，表示尚未偿还的应付账款。

7. 预付账款

“预付账款”账户是资产类会计账户，之所以是资产类会计账户，是因为相对于“购销”业务发生的时间来说，预付款项的行为发生在“购销”业务成立之前。

如图4－2所示，以核算单位与供应商之间发生“购销”业务为例。假设发生“购销”业务是在时刻点“Z”，但若核算单位在时刻点“A”处已经将（部分）货款支付给了供应商，由于还没有发生“购销”业务，供应商在时刻点“A”到“Z”之间的时间内，不能确认为实现了收入。供应商收到的“货款”（或说订金，实际上暂不是销货款），一方面记为自己的资产增加；另一方面，应该记为“预收账款”负债增加。对于核算单位来说，一方面记为资产减少；另一方面，应该记为“预付账款”资产增加。这与“应付账款”不同，应付账款是“购销”业务发生在前，即图4－2中，在时刻点“Z”之前没有发生支付款项的业务，在时刻点“Z”发生了“购销”业务，但核算单位仍未支付款项，因此，从“Z”时刻点之后，核算单位形成了“应付账款”负债。

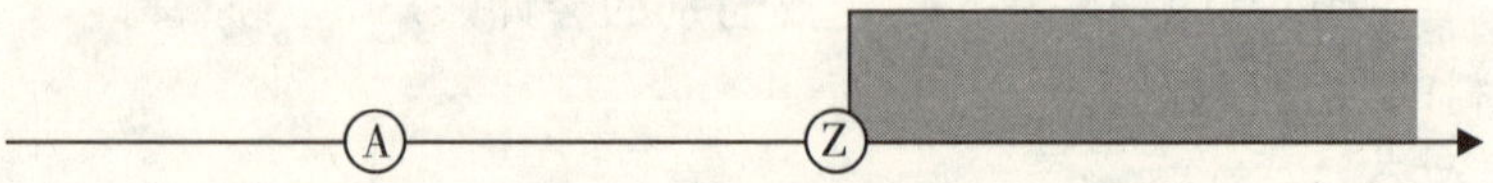


**图4－2　预付账款与应付账款发生时间图**

## 二、举例

［**例4－6**］　核算单位购买不需要安装的生产用机器设备一台，价款100万元，增值税额17万元，运杂费2 000元，各项款项已用银行存款支付。

借：固定资产　　1 172 000

　贷：银行存款　　1 172 000

［**例4－7**］　核算单位购买需要安装的机器设备一台，价款110万元，增值税额18.7万元，运杂费3 000元。价税款尚未支付，运杂费用银行存款付讫。

借：在建工程　　1 290 000

　贷：应付账款　　1 287 000

　　银行存款　　3 000

［例4-8］　核算单位用银行存款支付上述设备的安装费2 000元。

借：在建工程　　2 000

　贷：银行存款　　2 000

［例4-9］　核算单位上述设备安装完毕。

借：固定资产　　1 292 000

　贷：在建工程　　1 292 000

［例4-10］　核算单位采购材料，A材料500吨，1 010元/吨，B材料1 000吨，505元/吨，增值税额按17%计算；一起发生运输费3 000元，装卸费300元，运输费、装卸费按重量计算，价税及运输费均用银行存款支付。

运输费应该注意两个方面：一是按照规定，购买货物发生的运输费，作为购买单位支付给运输单位的运输费，可以扣除7%作为进项税额；二是共同发生的运杂费，在进行分配时，一般按照支付运杂费时的计算因素进行分配。该例中的运输费是按照重量计算的，因此，在A、B材料之间进行分配时，应该按照重量进行分配较为合适。

在该例中，若暂不考虑进项税额，则A、B材料应该分别分摊运输费1 000元和2 000元，分别分摊装卸费100元和200元。扣除进项税额210元后，A、B材料应该分别分摊运输费、装卸费1 030元和2 060元。

借：材料采购——A材料　　506 030

　　　　　　——B材料　　507 060

　　应交税费——应交增值税（进项税额）　　171 910

　贷：银行存款　　1 185 000

［例4-11］　上述采购材料验收入库。

借：原材料——A材料　　500 000

　　材料成本差异——A材料　　6 030

　贷：材料采购——A材料　　506 030

借：原材料——B材料　　500 000

　　材料成本差异——B材料　　7 060

　贷：材料采购——B材料　　507 060

［例4-12］　核算单位用银行存款预付给N单位购买A材料的货款120万元。

借：预付账款　　1 200 000

　贷：银行存款　　1 200 000

［例4-13］　核算单位向N单位采购A材料的发票账单已到，购买A材料1 000吨，价款1 011元/吨，增值税额按17%计算，运输费和装卸费尚未知，用预付款支付，多的预付款退回收存银行，但A材料直到月末还未入库。

尽管该例中已经支付了材料的价税款，但因材料并未运抵，因此，虽计入应交税费——应交增值税（进项税额），但不能作为当期的进项税额进行抵扣。

借：材料采购——A材料　　1 011 000

　　应交税费——应交增值税（进项税额）　　171 870

　贷：预付账款　　1 182 870

借：银行存款　　17 130

　贷：预付账款　　17 130

[例4-14]　核算单位向M单位购买A材料580吨，价款1 012元/吨，增值税额按17%计算，运输费1 000元，装卸费265.6元，用预付账款支付，多的预付账款退回收存银行。

借：材料采购——A材料　　588 155.60

　　应交税费——应交增值税（进项税额）　　99 853.20

　贷：预付账款——M单位　　688 008.80

借：银行存款　　1 311 991.20

　贷：预付账款——M单位　　1 311 991.20

[例4-15]　向M单位购买的A材料验收入库。

借：原材料——A材料　　580 000

　　材料成本差异——A材料　　8 155.60

　贷：材料采购——A材料　　588 155.60

[例4-16]　核算单位向M单位购买B材料1 000吨，价款506元/吨，增值税额按17%计算，运输费1 500元，各款项用银行存款付讫。

借：材料采购——B材料　　507 395

　　应交税费——应交增值税（进项税额）　　86 125

　贷：银行存款　　593 520

[例4-17]　向M单位购买的B材料验收入库。

借：原材料——B材料　　500 000

　　材料成本差异——B材料　　7 395

　贷：材料采购——B材料　　507 395

## 第四节　生产过程的核算

### 一、生产过程的核算应设置的账户

1. 生产成本

“生产成本”账户是成本类会计账户，主要用于生产过程中生产产品、提供工业性劳务所涉及的生产费用的归集和分配。

“生产成本”账户一般按照生产车间所进行的生产是基本生产还是辅助生产，以及是否要核算基本生产成本和辅助生产成本，可以设置“基本生产成本”和“辅助生产成本”明细分类核算账户。但若核算单位并没有辅助生产车间，或不需要进行辅助生产成本的核算，则一般不设置“基本生产成本”和“辅助生产成本”明细分类核算账户。

“生产成本”账户，不论明细分类核算账户中，已经设置或没有设置“基本生产成本”和“辅助生产成本”进行明细分类核算，一般再按照成本计算对象设置明细分类核算账户，成本计算对象可能是产品品种、工序或（与工序相联系的）半成品、批次等。

“生产成本”账户与生产过程联系紧密，不同的生产过程，成本计算对象的成本计算项目不一定相同，但综合起来，一般可以把成本计算对象区分为三个主要的成本计算项目——直接材料、直接人工和制造费用。

2. 制造费用

“制造费用”账户是成本类会计账户，主要用于核算生产车间发生的应计入制造费用的各项间接费用。其具体包括：生产车间办公费、水电费、管理人员和技术人员的工资福利费、生产车间固定资产的折旧费、固定资产的维修费、机物料消耗、劳动保护费、季节性停工损失和大修理期间的停工损失等。“制造费用”账户一般按照生产车间进行明细分类核算。

假设某核算单位“生产成本”账户设置了“生产成本——基本生产成本”、“生产成本——辅助生产成本”明细分类核算账户，“制造费用”账户按照生产车间设置了“制造费用——A 车间”、“制造费用——B 车间”明细分类核算账户，A 生产车间是基本生产车间，B 生产车间是辅助生产车间，则各账户归集完生产费用后，分配的顺序是：

“制造费用——B 车间”进行分配；

“生产成本——辅助生产成本”进行分配或结转完工辅助生产产品的成本；

“制造费用——A 车间”进行分配；

“生产成本——基本生产成本”结转完工的成本计算对象的成本。

3. 累计折旧

“累计折旧”账户是资产类会计账户，主要用于记录固定资产随着时间的推移或随着工作量的累积，发生的累计折旧。“累计折旧”账户因为是抵减账户，要与“固定资产”账户配合在一起表示固定资产净值（暂不考虑“固定资产减值准备”账户）。

手工中有的核算单位为了减少计算累计折旧的工作量，对固定资产计提累计折旧时采用按类别来进行计提累计折旧的办法，这种方法能够减少会计人员繁杂的计算工作量，但是，计算出的累计折旧可能会有些许误差。还有的核算单位采用“在上月计算累计折旧的基础上，加上考虑固定资产的增减变化，计算出本月的累计折旧数额”的办法，这种办法一般要符合一定的条件。例如，固定资产计提累计折旧受时间推移的影响较小或不受影响等。

在会计电算化系统中，不存在计算的工作量问题。因此，一般按照每一项固定资产计算折旧，并根据需要进行不同的汇总统计，不会有计算误差。

4. 应付职工薪酬

“应付职工薪酬”账户是负债类会计账户，主要用于核算单位与职工之间存在的各种工资福利费等债务的结算，核算单位应设置“工资”、“福利费”等进行明细分类核算。

5. 库存商品

“库存商品”账户是资产类会计账户，主要用于对核算单位仓库存储的库存商品的核算。从会计核算业务来看，库存商品仓库一方面联系着生产车间，即生产车间完工产品入库，另一方面联系着销售出库。通常，“库存商品”账户与“原材料”账户有一定的相似之处，但“库存商品”账户主要联系的是库存商品仓库；“原材料”账户主要联系的是材料仓库。材料在采购入库前，各批材料的采购成本不同，领用材料会涉及出库材料成本的核算问题；完工产品入库前，各次入库产品的生产成本不同，销售库存商品会涉及出库的库存商品的成本核算问题。

需要说明的是，在图 4－3 中，“库存商品成本差异”并不是企业会计准则制度规定的一级会计科目。

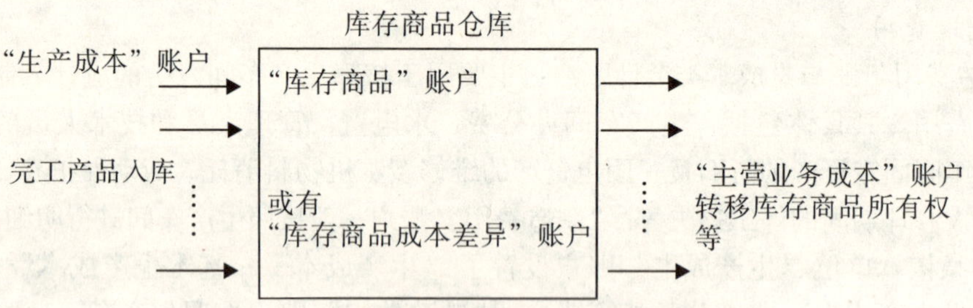


**图 4－3　库存商品“收、发、存”示意图**

## 二、举例

［例 4－18］　核算单位生产 F 产品领用 A 材料 1 000 吨，B 材料 1 000 吨。

计算差异率，可以用计划成本数额为单位来计算差异率，也可以用别的计量单位来计算差异率，但要注意计算的持续性和稳定性。可以是全月一次计算差异率，但有可能存在时效性问题；也可以分次计算差异率，但前后次差异率可能不同，应注意区分。

用计划成本数额计算差异率：

A 材料的差异率 =（33 000 + 6 030 + 8 155.6）／（2 000 000 + 500 000 + 580 000）
= 0.015 32

B 材料的差异率 =（－20 015 + 7 060 + 7 395）／（1 000 000 + 500 000 + 500 000）
= －0.002 78

用重量单位计算差异率：

A 材料的差异率 =（33 000 + 6 030 + 8 155.6）／（2 000 + 500 + 580）
= 15.32（元/吨）

B 材料的差异率 =（－20 015 + 7 060 + 7 395）／（2 000 + 1 000 + 1 000）
= －1.39（元/吨）

借：生产成本——F 产品　　1 513 930
　贷：原材料——A 材料　　1 000 000
　　材料成本差异——A 材料　　15 320
　　原材料——B 材料　　500 000
　　材料成本差异——B 材料　　1 390

［例 4－19］　核算单位生产 G 产品领用 A 材料 1 000 吨，B 材料 1 000 吨。

| | | |
|---|---|---|
| 借：生产成本——G 产品 | 1 513 930 | |
| 贷：原材料——A 材料 | | 1 000 000 |
| 材料成本差异——A 材料 | | 15 320 |
| 原材料——B 材料 | | 500 000 |
| 材料成本差异——B 材料 | | [1 390] |

［例 4－20］　生产车间一般耗用 A 材料 10 吨，B 材料 10 吨。

生产车间一般耗用和管理部门领用材料，涉及是否要将进项税额转出的问题，因为可以作这样的设想，假设生产车间一般耗料和管理部门的领料也可以从市场购买，则一般是取得价税合计的普通发票，是直接全部计入制造费用或管理费用的（这一章的例子中暂不考虑这些因素）。

| | | |
|---|---|---|
| 借：制造费用 | 15 139. 30 | |
| 贷：原材料——A 材料 | | 10 000 |
| 材料成本差异——A 材料 | | 153. 20 |
| 原材料——B 材料 | | 5 000 |
| 材料成本差异——B 材料 | | [13. 90] |

［例 4－21］　管理部门领用 A 材料 10 吨，B 材料 10 吨。

| | | |
|---|---|---|
| 借：管理费用 | 15 139. 30 | |
| 贷：原材料——A 材料 | | 10 000 |
| 材料成本差异——A 材料 | | 153. 20 |
| 原材料——B 材料 | | 5 000 |
| 材料成本差异——B 材料 | | [13. 90] |

［例 4－22］　核算单位计算应付职工工资 370 万元，其中：生产 F 产品的生产工人工资 150 万元，生产 G 产品的生产工人工资 150 万元，车间管理人员工资 20 万元，厂部管理人员工资 50 万元。

| | | |
|---|---|---|
| 借：生产成本——F 产品 | 1 500 000 | |
| ——G 产品 | 1 500 000 | |
| 制造费用 | 200 000 | |
| 管理费用 | 500 000 | |
| 贷：应付职工薪酬——工资 | | 3 700 000 |

［例 4－23］　核算单位按照 14% 计算职工福利费。

| | | |
|---|---|---|
| 借：生产成本——F 产品 | 210 000 | |
| ——G 产品 | 210 000 | |
| 制造费用 | 28 000 | |
| 管理费用 | 70 000 | |
| 贷：应付职工薪酬——福利费 | | 518 000 |

［例 4－24］　核算单位计算应代缴的个人所得税 10 万元。

借：应付职工薪酬——工资 100 000

贷：应交税费——应交个人所得税 100 000

［例 4－25］ 核算单位计算应代扣水电费 10 万元。

借：应付职工薪酬——工资 100 000

贷：其他应付款 100 000

［例 4－26］ 核算单位用银行存款发放工资，福利费 20 万元。

借：应付职工薪酬——工资 3 500 000

——福利费 200 000

贷：银行存款 3 700 000

［例 4－27］ 核算单位用银行存款支付生产车间办公费、水电费 160 万元。

借：制造费用 1 600 000

贷：银行存款 1 600 000

［例 4－28］ 核算单位用银行存款支付生产车间劳动保护费等 10.2 万元。

借：制造费用 102 000

贷：银行存款 102 000

［例 4－29］ 核算单位用银行存款支付生产车间生产设备维修费 72 860.70 元。

生产过程中的固定资产的维修一般分为三个方面：一是日常维护，一般涉及较小金额，可以直接计入当期的制造费用；二是一段时间才发生一次的维护，一般涉及受益时间较长、数额较大，应该按照受益时间进行摊销；三是功能性的改造，即改变固定资产的结构等，则涉及改变固定资产的原值。

借：制造费用 72 860.70

贷：银行存款 72 860.70

［例 4－30］ 核算单位计提折旧：生产车间固定资产折旧费 100 万元，厂部固定资产折旧费 50 万元。

借：制造费用 1 000 000

管理费用 500 000

贷：累计折旧 1 500 000

［例 4－31］ 核算单位制造费用归集完毕，向受益对象进行分配，按照耗用工人工资比例在 F、G 产品之间进行分配。

借：生产成本——F 产品 1 509 000

——G 产品 1 509 000

贷：制造费用 3 018 000

［例 4－32］ 核算单位生产 F 产品完工了 5 251 000 元，完工数量是 500；G 产品完工了 5 016 000 元，完工数量是 950。

借：库存商品——F 产品 5 251 000

贷：生产成本——F 产品 5 251 000

借：库存商品——G 产品 5 016 000

贷：生产成本——G 产品 5 016 000

# 第五节 销售过程的核算

## 一、销售过程的核算应设置的账户

1. 主营业务收入

“主营业务收入”账户是损益类会计账户，对于工业企业来说，主要用于核算销售商品、提供工业性劳务实现的收入。工业性劳务是指对外提供加工、修理修配劳务，通常对外提供加工是受托加工，受托加工要求委托方提供原料和主要材料，受托方仅提供加工或可提供少量辅助材料并收取加工费。从会计要素来看，“主营业务收入”账户属于“收入”会计要素。

2. 主营业务成本

“主营业务成本”账户是损益类会计账户，主要核算与实现“主营业务收入”相配比的、已发生所有权转移的库存商品的成本（“费用”）等。从会计要素来看，“主营业务成本”账户属于“费用”会计要素。

3. 其他业务收入

“其他业务收入”账户是损益类会计账户，主要是核算单位用于核算进行其他业务实现的收入。不同的企业有不同的主营业务和其他业务，对于工业企业来说，其他业务主要包括出租固定资产、出租无形资产、出租商品、销售材料以及非工业性劳务等。从会计要素来看，“其他业务收入”账户属于“收入”会计要素。

4. 其他业务成本

“其他业务成本”账户是损益类会计账户，主要核算与实现“其他业务收入”相配比的、发生出租固定资产折旧、无形资产摊销等“费用”。从会计要素来看，“其他业务成本”账户属于“费用”会计要素。

5. 销售费用

“销售费用”账户是损益类会计账户，主要核算与销售商品、提供劳务等相关的费用，主要包括：保险费、运输费、包装费、装卸费、广告费、展览费、已售商品维修费、预计商品质量损失以及专设的销售机构（含销售网点及售后服务网点）发生的职工工资福利费、折旧费、经营业务费用等。从会计要素来看，“销售费用”账户属于“费用”会计要素。

6. 应收账款

“应收账款”账户是资产类会计账户，主要核算因为销售商品、提供劳务实现的收入但暂未收到的款项。应收账款是核算单位与客户之间发生的赊销赊购，是核算单位的资产。从收款策略来看，核算单位可能会通过现金折扣的办法鼓励客户尽快还款。现金折扣可以用符号来进行描述，例如，“2/10，1/20，N/30”表示如果客户在10天内付款，则可以享受2%的优惠；如果客户在20天之内付款，则可以享受1%的优惠；如果客户在20天之后付款，则要付全额。

7. 预收账款

“预收账款”账户是负债类会计账户，主要核算因销售商品、提供劳务等预先收取客户的款项，该账户的核算内容可以参照“应付账款”、“预付账款”账户与购买商品、接受劳务之间的时间关系以及图4-2。从会计要素来看，“预收账款”账户属于“负债”会计要素。

8. 应交税费——应交增值税（销项税额）

“应交税费——应交增值税”账户是负债类会计账户，在贷方多栏中，有一栏是“销项税额”栏，主要记录核算单位对外销售商品、提供工业性劳务时开出的完税凭证上记载的销项税额，以及按照规定应记入“应交税费——应交增值税（销项税额）”的销项税额，如核算单位支付销货运输费中可以按一定比例计算的数额等［发生混合销售行为，即运费“支付”给本单位，应一并征收增值税销项税额，因为这里主要是以工业企业为例，非混合销售行为计算的数额应计入“应交税费——应交增值税（进项税额）”］。

## 二、举例

［例4-33］　核算单位向R单位销售F产品160，销售价款2 208 000元，增值税销项税额375 360元，价税用预收账款支付。

借：预收账款——R单位　　2 583 360
　贷：主营业务收入　　2 208 000
　　应交税费——应交增值税（销项税额）　　375 360

［例4-34］　核算单位结转销售F产品的成本。

借：主营业务成本　　1 629 500
　贷：库存商品——F产品　　1 629 500

［例4-35］　核算单位向S单位销售G产品810，取得销售价款5 589 000元，增值税销项税额950 130元，价税用预收账款支付，不足的形成应收账款。

借：应收账款——S单位　　1 539 130
　预收账款——S单位　　5 000 000
　贷：主营业务收入　　5 589 000
　　应交税费——应交增值税（销项税额）　　950 130

［例4-36］　核算单位结转销售G产品的成本。

借：主营业务成本　　4 212 500
　贷：库存商品——G产品　　4 212 500

［例4-37］　核算单位收到应收取S单位的货款1 539 130元，收存银行。

借：银行存款　　1 539 130
　贷：应收账款——S单位　　1 539 130

［例4-38］　核算单位预收到R单位补付的拟再购买F产品的货款1 156 538.83元，收存银行。

借：银行存款　　　　1 156 538.83
　贷：预收账款——R 单位　　　　1 156 538.83

［例 4－39］　核算单位向 R 单位销售 F 产品 221，销售价款 3 053 999 元，增值税销项税额 519 179.83 元，价税用 R 单位的预付账款支付。

借：预收账款——R 单位　　　　3 573 178.83
　贷：主营业务收入　　　　3 053 999
　　应交税费——应交增值税（销项税额）　　　　519 179.83

［例 4－40］　核算单位结转销售 F 产品的成本。

借：主营业务成本　　　　2 320 500
　贷：库存商品——F 产品　　　　2 320 500

［例 4－41］　核算单位销售 A 材料 60 吨，取得收入 7 万元，销项税额按 17% 计算。

借：银行存款　　　　81 900
　贷：其他业务收入　　　　70 000
　　应交税费——应交增值税（销项税额）　　　　11 900

［例 4－42］　核算单位结转销售 A 材料的成本。

借：其他业务成本　　　　60 919.20
　贷：原材料——A 材料　　　　60 000
　　材料成本差异——A 材料　　　　919.20

［例 4－43］　核算单位用银行存款支付广告费 15 万元。

借：销售费用　　　　150 000
　贷：银行存款　　　　150 000

［例 4－44］　核算单位计算应交城市维护建设税和教育费附加 118 907.29 元（应计教育费附加）。

借：营业税金及附加　　　　118 907.29
　贷：应交税费——应交城市维护建设税　　　　118 907.29

# 第六节　利润和利润分配的核算

## 一、利润的核算应设置的账户

1. 本年利润

“本年利润”账户是所有者权益类会计账户，主要用于核算利润并将核算结果作为所有者权益的一部分。可以从两方面来看“本年利润”账户，一方面，“本年利润”用于“收入－费用＝利润”中的利润计算，参与计算后，“收入”、“费用”会计要素没有数额；

另一方面，“本年利润”又是所有者权益类的会计账户，因此，参与到“资产=负债+所有者权益”会计等式中。

2. 投资收益

“投资收益”账户是损益类会计账户，主要用于核算各种投资获得的收益，主要包括股票投资、债券投资以及其他投资。说是核算投资获得的收益，实际上包括核算投资损失，即“投资收益”账户是双重性质的账户。所谓双重性质的账户，就所核算的内容来说，是指借贷发生额的差额或余额可以出现两种结果并有两种不同意义的账户。例如，“投资收益”是损益类会计账户，尽管一般没有期初余额，结转到“本年利润”账户之后也没有余额，但结转到“本年利润”账户之前，可能借方发生额多于贷方发生额（投资损失），也可能贷方发生额多于借方发生额（投资收益）。再例如，“利润分配”会计账户，从应该进行利润分配的时间来看（即“本年利润”账户已经结转到了“利润分配”账户），此时，“利润分配”账户可能是借方余额（亏损），也可能是贷方余额（利润）。

3. 管理费用

“管理费用”账户是损益类会计账户，主要用于核算单位行政管理部门为组织各种经济活动发生的耗费以及按照规定应该计入“管理费用”的核算单位应该承担的各种社会责任耗费。其包括公司经费（行政管理部门办公费、水电费、职工的工资福利费、折旧费、物料消耗、周转材料摊销、差旅费等）、工会经费、董事会费（董事会成员的津贴、会议费、差旅费等）、聘请中介机构费、咨询费、诉讼费、业务招待费、研究费用、排污费、房产税、车船税、土地使用税、印花税、技术开发费、矿产资源补偿费等。因为“管理费用”是损益类会计账户，所以一般没有期初余额，结转到“本年利润”账户之后一般也没有余额，但在结转到“本年利润”账户之前，可能借贷方都有发生额（如财产清查中贷记管理费用等），但一般是借方发生额多于贷方发生额。

4. 财务费用

“财务费用”账户是损益类会计账户，主要用于核算各种经济活动中涉及的与核算单位理财有关的，应计入财务费用的费用。主要包括：利息（收入或支出）、汇兑、现金折扣、手续费等。“财务费用”账户与“管理费用”一样，在结转到“本年利润”账户之前，可能借贷方都有发生额。

5. 营业外收入

“营业外收入”账户是损益类会计账户，主要用于核算与核算单位营业活动没有什么联系的经济活动取得的收入。主要包括非流动资产处置利得、非货币资产交换利得、债务重组利得、政府补助、盘盈利得、捐赠所得等。

营业外收入与参与计算营业利润的收入（主营业务收入、其他业务收入、投资收益等）意义不同，主要与核算单位营业活动没有什么联系。

6. 营业外支出

“营业外支出”账户是损益类会计账户，主要用于核算与核算单位营业活动没有什么联系的经济活动发生的支出。主要包括非流动资产处置损失、非货币资产交换损失、债务重组损失、非常损失、盘亏损失、捐赠支出等。

7. 所得税费用

“所得税费用”账户是损益类会计账户，主要是从会计核算的角度，用于核算按照规定计算的核算单位应该计入所得税费用的所得税。“所得税费用”会计账户与“应交税费——应交所得税”账户不同，“应交税费——应交所得税”账户是负债类会计账户，是反映核算单位与税务部门之间债务关系的核算账户，是依据税法计算的数额；“所得税费用”账户是从会计核算的角度，即依据会计准则制度的规定进行的计算，不是反映与税务部门之间的债务关系的核算账户，因此，两者计算的数额可能有差异。

8. 应收股利

“应收股利”账户是资产类会计账户，核算单位对被投资单位进行股票投资，一定时间后，被投资单位可能进行利润分配，在被投资单位宣告发放股利，同时核算单位按照规定计入应收股利的数额，则是核算单位的应收股利。

## 二、利润分配的核算应设置的账户

1. 利润分配

“利润分配”账户是所有者权益类会计账户，主要用于利润形成的核算、利润分配的核算。核算单位应设置“提取法定盈余公积”、“提取任意盈余公积”、“应付利润”、“转作股本的股利”、“盈余公积补亏”、“未分配利润”等进行明细分类核算。在设置明细分类核算账户时，除“未分配利润”外，一般按利润分配过程中涉及的利润分配项目进行设置。一般来说，只有在“利润分配——未分配利润”账户中有可供分配的利润，才有可能进行利润分配。经过利润分配过程以后，“利润分配”账户的明细分类核算账户中，只有“利润分配——未分配利润”账户有可能有余额。

2. 盈余公积

“盈余公积”账户是所有者权益类会计账户，主要是从核算单位实现的利润中，经过利润分配环节提取的盈余公积。核算单位应设置“法定盈余公积”、“任意盈余公积”进行明细分类核算。除转增资本等所有者权益的内部结转业务引起的账户数额变动外，盈余公积、未分配利润与实收资本、资本公积之间的主要差别是，实收资本、资本公积不是核算单位的留存利润。

3. 应付股利

“应付股利”账户是负债类会计账户，主要用于核算应支付给股票投资者的利润。

## 三、举例

[例 4－45]　核算单位从被投资单位分得股利 20 万元，并与投资收益相符，股利尚未收到，被投资单位所得税率为 25%。

| | |
|---|---|
| 借：应收股利 | 200 000 |
| 　贷：投资收益 | 200 000 |

[例 4－46]　核算单位银行存款支付管理部门办公费 99 632.07 元、水电费 157 022元。

借：管理费用　　99 632. 07
　贷：银行存款　　99 632. 07
借：管理费用　　157 022
　贷：银行存款　　157 022

［例4－47］　核算单位用银行存款支付，按月支付的本月短期借款利息2. 5万元。

借：财务费用　　25 000
　贷：银行存款　　25 000

［例4－48］　核算单位支付会议费25万元。

借：管理费用　　250 000
　贷：银行存款　　250 000

［例4－49］　核算单位处置一项生产设备，设备原值100万元，已计提累计折旧802 000元，用银行存款支付清理费用2 000元；变卖收入30万元收存银行。

借：固定资产清理　　198 000
　　累计折旧　　802 000
　贷：固定资产　　1 000 000
借：固定资产清理　　2 000
　贷：银行存款　　2 000
借：银行存款　　300 000
　贷：固定资产清理　　300 000
借：固定资产清理　　100 000
　贷：营业外收入　　100 000

［例4－50］　核算单位用银行存款通过非营利组织捐赠10万元。

借：营业外支出　　100 000
　贷：银行存款　　100 000

［例4－51］　核算单位计算结转该月实现的利润。

**表4－4　结转到本年利润前各损益类会计账户的借贷方发生额差额表**

| 会计账户名称 | 借方差额 | 会计账户名称 | 贷方差额 |
|---|---|---|---|
| 主营业务成本 | 8 162 500 | 主营业务收入 | 10 850 999 |
| 营业税金及附加 | 118 907. 29 | 投资收益 | 200 000 |
| 其他业务成本 | 60 919. 20 | 其他业务收入 | 70 000 |
| 管理费用 | 1 591 793. 37 | 营业外收入 | 100 000 |
| 销售费用 | 150 000 | | |
| 财务费用 | 25 000 | | |
| 营业外支出 | 100 000 | | |
| 所得税费用 | 202 969. 79 | | |

借：本年利润　　10 209 119.86

　贷：主营业务成本　　8 162 500

　　营业税金及附加　　118 907.29

　　其他业务成本　　60 919.20

　　管理费用　　1 591 793.37

　　销售费用　　150 000

　　财务费用　　25 000

　　营业外支出　　100 000

借：主营业务收入　　10 850 999

　其他业务收入　　70 000

　营业外收入　　100 000

　投资收益　　200 000

　贷：本年利润　　11 220 999

［例 4－52］　核算单位计算应缴纳的企业所得税，税率25%，会计与税法计算没有差异，并将所得税费用结转到本年利润。

在计算企业所得税时，上述例子中有两个方面值得注意：一是从被投资单位分回的利润，应该判别税率是否与核算单位相同，如果不相同且核算单位的税率高于被投资单位的，核算单位则要补缴企业所得税；如果相同则不需要补缴。二是对外捐赠的支出，有不同的途径之分，如有通过公益性的机构进行捐赠的，也有不是通过公益性的机构进行捐赠的，因此扣除办法可能是全额扣除或者是按照规定比例计算扣除。

借：所得税费用　　202 969.79

　贷：应交税费——应交所得税　　202 969.79

借：本年利润　　202 969.79

　贷：所得税费用　　202 969.79

［例 4－53］　核算单位将本年利润结转到利润分配。

借：本年利润　　5 808 909.35

　贷：利润分配——未分配利润　　5 808 909.35

［例 4－54］　核算单位按照税后利润的10%计提法定盈余公积和任意盈余公积。

借：利润分配——提取法定盈余公积　　580 890.94

　　　　——提取任意盈余公积　　580 890.94

　贷：盈余公积——法定盈余公积　　580 890.94

　　　　——任意盈余公积　　580 890.94

［例 4－55］　根据决议，核算单位应付投资者利润 3 950 500.50 元，暂时还未支付。

借：利润分配——应付利润　　3 950 500.50

　贷：应付利润（或应付股利）　　3 950 500.50

［例 4－56］　结转利润分配。

借：利润分配——未分配利润　　5 112 282.38

贷：利润分配——提取法定盈余公积　　580 890.94

　　　　　　——提取任意盈余公积　　580 890.94

　　　　　　——应付利润　　3 950 500.50

[例 4-57]　核算单位用银行存款支付投资者利润。

借：应付利润　　3 950 500.50

　贷：银行存款　　3 950 500.50

[例 4-58]　核算单位用银行存款缴纳企业所得税。

借：应交税费——应交所得税　　202 969.79

　贷：银行存款　　202 969.79

[例 4-59]　核算单位用银行存款偿还以前的短期借款 500 万元。

借：短期借款　　5 000 000

　贷：银行存款　　5 000 000

[例 4-60]　核算单位收到股利 20 万元，存入银行。

借：银行存款　　200 000

　贷：应收股利　　200 000

需要注意以下三点：

(1) 为了方便银行对账，可在备查簿中记录银行存款日记账的年初未达账项，也可以仿照表 7-7 的做法，但在备查簿中进行记录较为可取。

(2) 考虑到代职工扣款、代职工缴纳个人所得税等的需要，可以将“应付职工薪酬”明细分类账的账簿格式进行变化设置成相应的多栏式明细分类账。

(3) 自来水费、电费应该分别列示，能否扣除进项税额取决于是否能够取得增值税专用发票。

## 复习思考题

1. 筹集资金的核算内容是什么？
2. 供应过程的核算内容是什么？
3. 生产过程的核算内容是什么？
4. 销售过程的核算内容是什么？
5. 利润计算和分配的核算内容是什么？
6. 筹集资金的账户设置是怎样的？
7. 供应过程的账户设置是怎样的？
8. 生产过程的账户设置是怎样的？
9. 销售过程的账户设置是怎样的？
10. 利润计算和分配的账户设置是怎样的？

## 练习题

### 一、单项选择题

1. 投资者投入资本属于（　　）。

A. 筹集资金的核算　　B. 供应过程的核算

C. 生产过程的核算　　D. 销售过程的核算

2. 采购材料属于（　　）。

A. 筹集资金的核算　　B. 供应过程的核算

C. 生产过程的核算　　D. 销售过程的核算

3. 制造费用的归集和分配属于（　　）。

A. 筹集资金的核算　　B. 供应过程的核算

C. 生产过程的核算　　D. 销售过程的核算

4. 销售费用的核算属于（　　）。

A. 筹集资金的核算　　B. 供应过程的核算

C. 生产过程的核算　　D. 销售过程的核算

5. 利润分配的核算属于（　　）。

A. 筹集资金的核算　　B. 供应过程的核算

C. 生产过程的核算　　D. 利润计算和分配的核算

### 二、多项选择题

1. 为了进行筹集资金的核算，应设置的账户包括（　　）等。

A. 实收资本　　B. 资本公积　　C. 生产成本　　D. 制造费用

2. 为了进行供应过程的核算，应设置的账户包括（　　）等。

A. 原材料　B. 销售费用　C. 材料采购　D. 在途物资

3. 为了进行生产过程的核算，应设置的账户包括（　　）等。

A. 主营业务收入　B. 生产成本　C. 制造费用　D. 营业税金及附加

4. 为了进行销售过程的核算，应设置的账户包括（　　）等。

A. 生产成本　B. 销售费用　C. 主营业务收入　D. 制造费用

5. 为了进行利润计算和利润分配的核算，应设置的账户包括（　　）等。

A. 本年利润　B. 利润分配　C. 盈余公积　D. 应付股利

**三、请写出下述经济业务的会计分录（各经济业务之间没有联系）**

1. 核算单位收到投资者投资1 000万元，收存银行；

2. 核算单位有U、V出资者，注册资本为2 850万元，U占1 900万元，V占950万元，现核算单位将注册资本改为3 800万元，V用一项新的1 350万元的固定资产追加投资，占投资份额的二分之一。

3. 核算单位向银行借入为期半年的短期借款100万元存入银行；

4. 核算单位向银行借入为期3年的长期借款200万元存入银行，没有各种借款手续费；

5. 核算单位购入一台不需要安装的机器设备，价款30万元，增值税额按17%计算，运杂费800元；各款项用银行存款付讫；

6. 核算单位采购甲材料，价款100万元，增值税额按17%计算，支付给运输单位的运输费1 000元，装卸费1 000元，甲材料运到并验收入库，该单位采用实际成本核算；各款项用银行存款付讫；

7. 核算单位用银行存款预付给A单位购货订金100万元；

8. 生产车间用银行存款支付办公费10万元，水电费20万元；

9. 核算单位计算应付职工工资500万元，其中：生产工人工资300万元，车间管理人员工资50万元，厂部管理人员工资150万元，并按照14%计提福利费；

10. 核算单位职工××为核算单位出差预借差旅费3 000元，核算单位给付现金；办完事回来报销2 000元，余款现金还回；

11. 核算单位计提折旧：生产车间固定资产折旧费200万元，厂部固定资产折旧费100万元，专设销售机构固定资产折旧费50万元；

12. 核算单位生产产品完工500万元，并移入库存商品仓库；

13. 核算单位预收B单位支付的购货订金117万元；

14. 核算单位销售产品取得价税收入117万元，增值税按17%计算，购货单位用预付款支付购货款；

15. 核算单位结转销售产品的成本50万元；

16. 核算单位支付管理部门办公费10万元；

17. 核算单位计算应缴纳城市维护建设税10万元；

18. 核算单位用银行存款支付业务招待费10万元；

19. 核算单位用银行存款归还短期借款50万元；

20. 核算单位用银行存款缴纳城市维护建设税10万元。

# 第五章　账户按用途和结构分类

会计账户可以从多方面进行分类，前面已经有按照反映的经济内容分类和按照提供指标的详细程度分类，这一章主要按照会计账户的用途和结构分类。因为会计账户按照反映的经济内容分类是会计账户的基本分类，包括了所有会计账户，且与会计准则制度上规定的会计科目的分类相符，加之会计要素与会计科目有一定的对应关系，因此，在这一章，一方面，站在按照用途和结构分类的角度来看各会计账户；另一方面，又将这些会计账户按照会计要素时间特点分为两部分，即资产、负债、所有者权益会计要素账户和收入、费用、利润会计要素账户。

## 第一节　资产、负债、所有者权益会计要素账户

### 一、盘存账户

这类会计账户主要具有财产清查的特点，在财产清查涉及的会计账户中，除债权债务结算账户外，一般具有盘存账户的特点，因此，财产清查账户包括了盘存账户和债权债务结算账户。盘存账户主要用于对库存现金、银行存款以及能够通过实地盘点、技术推算等财产清查方法进行盘存的财产物资的核算。

能够进行盘存的财产物资主要包括存货、固定资产等，属于核算“存货”财产物资的会计账户主要有“原材料”、“库存商品”、“生产成本”等；属于核算“固定资产”财产物资的会计账户主要有“固定资产”等。

### 二、债权债务结算账户

这类会计账户主要用于与往来单位或个人以及银行等发生债权债务关系的经济业务核算，这类会计账户的主要特点有两个：一是主要核算与债权债务有关的经济业务；二是这些经济业务是发生在核算单位与“外”单位或个人之间。这些会计账户主要包括：“应收票据”、“应收账款”、“预付账款”、“应收股利”、“应收利息”、“其他应收款”、“应付票

据”、“应付账款”、“预收账款”、“应付职工薪酬”、“应交税费”、“应付利息”、“应付股利”、“其他应付款”、“长期借款”、“应付债券”、“长期应付款”、“专项应付款”等。

## 三、资产负债共同账户

这类会计账户主要用于核算将来才能够确定是资产还是负债的金融衍生工具等经济业务。这类会计账户的主要特点是将来才能确定是资产还是负债，因而是资产负债共同账户，因此，具有双重性质，通过判别最终余额是借方余额还是贷方余额来确定是资产账户还是负债账户。

以前的会计准则制度没有设置这类账户，这类账户主要出现在2007年1月1日施行的《企业会计准则》中，主要是包括“清算资金往来”、“货币兑换”、“衍生工具”、“套期工具”、“被套期项目”。

## 四、资本账户

这类会计账户主要用于核算投资者投入以及经过利润分配过程的留存利润。在核算单位进行正常的生产经营之初，按照规定，投资者应该投入资本创建核算单位；在正常的生产经营过程中，原投资者可能追加投资或者是有新的投资者加入；投资者投入的资本超出所占注册资本份额的部分应计入“资本公积”。核算单位经过生产经营等活动，会获得利润，经过利润分配过程后，留存在核算单位的利润是核算单位的经营成果。因此，这类会计账户主要包括：“实收资本”、“资本公积”、“盈余公积”等会计账户。

## 五、归集分配账户（集合分配账户）

这类会计账户主要用于有关费用的归集和分配，有两个特点：一是有归集的过程；二是有分配的过程。在各种类型的核算单位中，会发生各种费用或支出，但是因为有的核算只具有一个方面的特点，因此不能归类于“归集分配账户”。“制造费用”账户具有上述两个特点，因此，“制造费用”账户就属于“归集分配账户”，一方面，“制造费用”账户将发生在生产过程中的各项间接费用进行归集；另一方面，一段时间结束，各项间接费用归集完毕，应该进行分配，“制造费用”按照受益对象进行分配。

## 六、成本计算账户

这类会计账户主要用于对成本计算对象的成本计算过程。成本计算不仅存在于生产过程中，也存在于建设工程的过程中，还存在于材料的采购过程中以及无形资产的研发过程中等。但就成本计算的完整性、成本计算方法以及涉及的成本计算内容来看，以生产过程中的成本计算最有特点。这类会计账户主要包括：“生产成本”、“在途物资”、“在建工程”等。这类会计账户大都有归集的过程，但不一定具有分配的过程，即使这些账户最终结平，但也都是“完整”的结转，并不能够称为“分配”。如果某些会计账户既有归集的过程，也有分配的过程，则可以归类为“归集分配账户”。

## 七、附属账户（调整账户）

这类会计账户主要用于对部分会计账户的抵减或附加计算。它的特点是非独立会计账户，须依赖于别的账户（简称为主账户）或着说与别的账户结合才能具有完整意义，因此，是附属账户。从计算来看，即从抵减或附加来看，不外乎有三种可能：一是抵减账户；二是附加账户；三是抵减附加账户。抵减账户是指主账户与附属账户之间的关系是抵减的关系，即主账户的数额减去附属账户的有关数额。这类附属账户有坏账准备、存货跌价准备、累计折旧等。附加账户是指主账户与附属账户之间的关系是附加的关系，即主账户的数额加上附属账户的有关数额。纯粹的附加账户较少。抵减附加账户是指主账户与附属账户之间的关系可能是抵减的关系也可能是附加的关系。这类附属账户有材料成本差异等。

例如，“累计折旧”账户是“固定资产”账户的抵减账户，假设固定资产账户的余额是借方余额1 000万元，累计折旧账户的余额是贷方余额300万元，如果不考虑固定资产减值准备账户，则此时固定资产净值是1 000万元－300万元＝700万元。

再例如，“材料成本差异”账户是“原材料”账户的抵减附加账户，假设原材料账户的余额是借方余额1 000万元，“材料成本差异”账户是贷方余额200万元，则原材料的实际成本是1 000万元－200万元＝800万元；如果“原材料”账户的余额是借方余额1 000万元，“材料成本差异”账户是借方余额200万元，则原材料的实际成本是1 000万元＋200万元＝1 200万元。

## 八、计划成本核算账户（计价对比账户）

计划成本核算账户主要用于材料或库存商品的收发存的核算。因每次采购材料的实际采购成本不同，或每次入库的完工产品的生产成本不同，为了方便核算，对每次入库的材料或库存商品用统一的计划成本记账，因此，需要制订计划成本。但仅有一个计划成本并不能反映采购材料的实际成本或入库的库存商品的实际成本，因此，除计划成本外，另需要会计账户来核算差异。一般需要若干个会计账户才能够实现计划成本的核算，一方面，因为采购或入库是有步骤的，以采购材料为例，采购材料是发生在采购供应部门与供应商之间的购销业务，如果购销业务成立，则应该反映结算关系；采购来的材料入库，应该反映入库业务。因此，涉及“材料采购”账户，“材料采购”账户是反映入库前的。另一方面，入库后，“原材料”账户反映的是计划成本数额，“材料成本差异”账户反映的是差异数额，两者合在一起才是仓库的“原材料”的实际成本数额。这方面的例子可以参见第四章的经济业务。

# 第二节　收入、费用、利润会计要素账户

## 一、收入会计要素账户（损益增加账户）

这类会计账户主要用于“收入-费用=利润”的核算，属于“收入”会计要素账户。损益类会计账户中，按照计算利润的要求，应该分为属于“收入”会计要素的账户和属于“费用”会计要素的账户，损益增加账户是属于“收入”会计要素的账户。损益类会计账户最终都要结转到“本年利润”中，但在结转到“本年利润”之前，由于有些损益类会计账户核算的结果稳定，即有些损益类的会计账户在结转到“本年利润”之前肯定是贷方发生额多，借方发生额少或没有，这些损益类会计账户就是属于“收入”会计要素的账户。例如，这些账户有“主营业务收入”、“其他业务收入”、“营业外收入”等账户。但有些损益类会计账户核算的结果不定，即某时期在结转到“本年利润”账户之前，是属于“收入”会计账户；在另一个时期，在结转到“本年利润”账户之前，又是属于“费用”会计要素账户。例如，“投资收益”账户，如果在结转到“本年利润”账户之前，表现为借方发生额大于贷方发生额，则是投资亏损；如果在结转到“本年利润”账户之前，表现为贷方发生额大于借方发生额，则是投资收益。

## 二、费用会计要素账户（损益减少账户）

这类会计账户也是主要用于“收入-费用=利润”的核算，属于“费用”会计要素账户。在结转到“本年利润”之前，由于有些损益类会计账户核算的结果稳定，即有些损益类的会计账户在结转到“本年利润”账户之前肯定是借方发生额多，贷方发生额少或没有，这类损益类会计账户就是“费用”会计要素账户。例如，“主营业务成本”、“其他业务成本”、“营业外支出”、“营业税金及附加”、“财务费用”、“管理费用”、“销售费用”等账户。对于有些损益类会计账户核算的结果不定则不再进行讨论。

## 三、利润会计要素账户（财务成果账户）

这类会计账户主要用于“收入-费用=利润”的利润要素的核算，主要会计账户是“本年利润”。一方面，损益类会计账户分为两部分，“收入”会计要素账户和“费用”会计要素账户；另一方面，“收入”、“费用”会计要素对应的账户应该进行利润计算，即两者相减是利润。在会计实务中，利润的计算公式主要是“收入-费用=利润”，即把损益类会计账户的数额结转到“本年利润”账户中。结转后一般没有余额。“本年利润”账户

又是属于所有者权益类会计账户，因此，对于“资产 = 负债 + 所有者权益 + （收入 - 费用）”等式来说，因为“收入”、“费用”会计要素已结转到“本年利润”，即已结平，没有余额，因此，等式“资产 = 负债 + 所有者权益”成立。

## 复习思考题

1. 会计账户按照用途和结构分类有哪些？
2. 盘存账户的特点是什么？
3. 债权债务结算账户的特点是什么？
4. 资产负债共同账户的特点是什么？
5. 资本账户的特点是什么？
6. 归集分配账户（集合分配账户）的特点是什么？
7. 成本计算账户的特点是什么？
8. 附属账户（调整账户）的特点是什么？
9. 计划成本核算账户（计价对比账户）的特点是什么？
10. 收入会计要素账户（损益增加账户）的特点是什么？
11. 费用会计要素账户（损益减少账户）的特点是什么？
12. 利润会计要素账户（财务成果账户）的特点是什么？

## 练习题

### 一、单项选择题

1. 盘存账户的特点是（　　）。
   A. 可用于财务成果计算　　B. 可用于收入会计要素
   C. 大多是财产清查的内容　　D. 没有特点
2. 债权债务结算账户是用于核算单位与（　　）或个人之间发生的债权债务关系的核算。
   A. 外单位　　B. 本单位　　C. 只有个人　　D. 不包括银行
3. 成本计算账户与归集分配账户的不同点在于（　　）。
   A. 归集　　B. 分配　　C. 借方表示增加　　D. 贷方表示减少
4. 对计划成本核算账户说法正确的是（　　）。
   A. 每一个属于计划成本核算账户的会计账户都可以完全独立的完成计划成本核算
   B. 没有具体的计划成本核算账户
   C. 若干个属于计划成本核算账户的会计账户共同完成计划成本核算
   D. “本年利润”属于计划成本核算账户
5. 属于资本账户的是（　　）。
   A. “材料采购”　　B. “银行存款”　　C. “短期借款”　　D. “实收资本”

## 二、多项选择题

1. 属于附属账户（调整账户）的是（ ）。
A. “累计折旧” B. “坏账准备” C. “固定资产” D. “材料成本差异”
2. 属于债权债务结算账户的是（ ）。
A. “应收账款” B. “应付账款” C. “预收账款” D. “预付账款”
3. 属于收入会计要素账户（损益增加账户）的是（ ）。
A. “主营业务收入” B. “其他业务成本”
C. “营业外收入” D. “其他业务收入”
4. 属于费用会计要素账户（损益减少账户）的是（ ）。
A. “主营业务成本” B. “其他业务成本”
C. “营业税金及附加” D. “所得税费用”
5. 属于资产负债共同账户的是（ ）。
A. “货币兑换” B. “衍生工具”
C. “所得税费用” D. “资产减值损失”

# 第六章　会计凭证

## 第一节　会计凭证及其种类

会计凭证是按照规定要求描述所发生的经济业务信息，明确经济责任的凭证。会计凭证是会计核算过程的重要记录资料，是形成其他会计信息的重要依据。会计凭证按照记载的介质和处理经济业务的形式分类，可以分为手工会计凭证和电算化会计凭证。

### 一、手工会计凭证

手工会计凭证一般是纸介质的会计凭证，按填制程序和用途分类，可以分为原始凭证和记账凭证。

**（一）原始凭证**

原始凭证是根据发生或完成的经济业务参数，或根据会计账簿数据，依照会计信息质量要求填制的，用于描述经济业务具体内容的，即能够用于编制会计分录的会计凭证。原始凭证的格式内容依照描述具体单位发生的经济业务以及用于哪些处理方面来确定的，尽管都应该具有一些基本内容，但就具体内容来说，各种原始凭证各不相同。原始凭证按来源分，可以分为自制原始凭证和外来原始凭证。

1. 自制原始凭证

自制原始凭证是指为核算单位处理经济业务预印制的、核算单位自身处理经济业务需要的原始凭证。自制原始凭证的特点主要有两个：一是为核算单位处理经济业务预印制的；二是为满足核算单位自身处理经济业务的需要。这两个特点是判断原始凭证是自制的原始凭证，还是外来的原始凭证的重要条件。尽管与核算单位发生经济业务的相关单位也有可能用到核算单位的自制原始凭证，但不论是在预印制方面，还是在填制自制原始凭证的内容方面，核算单位首先是站在自身的角度来考虑所发生的经济业务问题，然后才是考虑“可能的”相关单位，因此，自制原始凭证的目的是为了满足核算单位自身处理经济业务的需要。自制原始凭证按填制方法分类，可以分为一次凭证、累计凭证、汇总原始凭证、记账编制凭证。

（1）一次凭证。

一次凭证是指填制手续是一次完成的，用来描述某类经济业务信息的原始凭证。一次凭证在填制完成后一般不能再进行填制，如表6－1所示的入库单是采购部门和仓库之间，在材料到达后，需要验收入库时填制的，属于采购部门与仓库之间的用于证明采购材料等入库的原始凭证，属于一次凭证。领料单也是一次凭证，是证明生产车间或其他部门从仓库领取材料等物品的出库凭证。

**表6－1　入库单**

入库单　　No.

验收时间：　　仓库：

| 材料编码 | 品名规格 | 入库位置编码 | 计量单位 | 入库数量 | 单价 | 金额 |
|---|---|---|---|---|---|---|
| | | | | | | |
| | | | | | | |
| | | | | | | |
| | | | | | | |
| | | | | | | |
| | | | | | | |

第一联　仓库

供应负责人：　　验收人：　　仓库负责人：

在表6－1的入库单中，“材料编码”或“商品编码”是依照该单位可能涉及的材料或商品进行的编码，一般进行编码设计时要考虑到这样一些因素：是否有国际标准或国家标准？是否用于计算机处理？编码分为几节，每节各有多少位编码？每位编码用数字还是字母，各自取值范围是什么？各节编码与材料或商品之间的关系，表示什么意义？

在表6－1中，“入库位置编码”主要是用于确定材料或商品在仓库中的位置，便于查询。

（2）累计凭证。

累计凭证是指在一定时期内，需要经过多次填制才能完成的，描述某一类经济业务并可进行累计的原始凭证。累计凭证的特点是：需要经过多次填制才能完成；是用于描述某一类可以进行累计的经济业务的。

限额领料单是典型的累计凭证，限额领料单一般用于对领料部门的领料作出限额或限量控制的自制原始凭证，规定的“领用限额”可以是三种可能：一是仅从数量方面；二是仅从金额方面；三是从数量和金额两个方面。如果是从数量和金额两个方面，则“限额结余”也应该分为数量和金额两方面进行反映。领料过程中，只要规定的“限额结余”（数量、金额、数量或金额）达到不能领取的最小值（例如，零）时，则表示限额已用完。

在实际应用中，限额领料单的格式并不是一定的，是随着核算单位具体限额要求的变化而变化的。例如，单价一定和各次领料时的单价不定两种情况，限额领料单的格式就有可能不一样，因此，给出某一凭单的格式，并不是说凭单的格式是固定不变的。

限额领料单的应用，对于核算单位加强对材料耗费的控制和管理，起着十分重要的作用，有了限额领料单，核算单位可以对领料部门领料的数量和金额、时间间隔等进行分析，可以发现领料部门的耗料是否合理。

**表6－2 限额领料单**

限额领料单

领料部门： No.

用途： 仓库：

| 材料编码 | 品名规格 | 计量单位 | 单价 | 领用限额 | | 实际领用 | |
|---|---|---|---|---|---|---|---|
| | | | | 数量 | 金额 | 数量 | 金额 |
| | | | | | | | |

| 日期 | 请领 | | | 领料 | | | 退料 | | | 限额结余 |
|---|---|---|---|---|---|---|---|---|---|---|
| | 数量 | 请领人 | 负责人 | 数量 | 领料人 | 发料人 | 数量 | 退料人 | 收料人 | |
| | | | | | | | | | | |
| | | | | | | | | | | |
| | | | | | | | | | | |
| | | | | | | | | | | |
| | | | | | | | | | | |

生产计划负责人： 供应部门负责人： 仓库负责人：

（3）汇总原始凭证。

汇总原始凭证是指，将一定时期内若干份记录同类经济业务的原始凭证加以汇总，得到反映经济业务总括情况的汇总原始凭证。

汇总原始凭证主要用于简化经济业务的处理过程，例如，对所有的领料单进行汇总，得到如表6－3所示的“材料发出汇总表”，会计人员可以根据“材料发出汇总表”填制记账凭证并登记入账；与不编制“材料发出汇总表”进行相比，会计人员则需要根据每一份原始凭证来填制记账凭证并登记入账。编制“材料发出汇总表”，除时效性方面的问题需要考虑外，优点是减少了工作量。

**表6－3 材料发出汇总表**

材料发出汇总表

××年×月×日

| 领料部门或用途 | | A材料 | | | B材料 | | | 合计 |
|---|---|---|---|---|---|---|---|---|
| | | 数量 | 单价 | 金额 | 数量 | 单价 | 金额 | |
| 生产产品 | 甲产品 | | | | | | | |
| | 乙产品 | | | | | | | |
| 生产车间一般耗用 | | | | | | | | |
| 管理部门领用 | | | | | | | | |
| 合计 | | | | | | | | |

制表： 复核：

（4）记账编制凭证。

一般的原始凭证是根据经济业务发生或完成的内容来填制的，但记账编制凭证是会计人员根据账簿记录的结果编制的凭证。

例如，制造费用分配表是会计人员根据“制造费用”账户的账簿记录以及工时记录或工资耗费记录等编制的，工时或工资耗费记录主要用来作为分配比例，对制造费用进行分配。

**表 6－4　制造费用分配表**

制造费用分配表

××年×月×日

| 分配对象 | 分配标准 | 分配率 | 应分配金额 |
|---|---|---|---|
| | | | |
| | | | |
| | | | |
| 合计 | | | |

制表：　　　　　　　　　　　　　　　　　复核：

2. 外来原始凭证

外来原始凭证是外单位用来描述与核算单位之间发生的某种经济业务情况的原始凭证。外来原始凭证一般是外单位经办业务的部门或人员填制的，用来证明经济业务发生或完成情况的书面证明。尽管填制是一个值得重视的方面，但所证明经济业务的发生或完成情况是外来原始凭证的主要目的。通常，外来原始凭证与核算单位自制并应用于核算单位内部的自制原始凭证相比，两者在要求上有较大的不同。因为外来原始凭证是发生在单位与单位之间的，更容易出现差错、混乱，因此，对外来原始凭证的管理要求更严，技术上要求更高，例如，对销售发票的管理。表 6－5 和表 6－6 所示的是销售发票的式样。

**表 6－5　商品销售统一发票**

××省商品销售统一发票　　　　　　No.

年　　月　　日

| 序号 | 商品名称 | 计量单位 | 数量 | 单价 | 金额 | | | | | | |
|---|---|---|---|---|---|---|---|---|---|---|---|
| | | | | | 万 | 仟 | 佰 | 拾 | 元 | 角 | 分 |
| | | | | | | | | | | | |
| | | | | | | | | | | | |
| | | | | | | | | | | | |
| | | | | | | | | | | | |
| | | | | | | | | | | | |
| | | | | | | | | | | | |
| | | | | | | | | | | | |
| 合计 | 人民币（大写）　万　仟　佰　拾　元　角　分 | | | | | | | | | | |

发票联（顾客报销凭证）

开票人：　　　　　　　　　收款人：　　　　　　　开票单位（盖章）：

表 6-6　增值税专用发票

年　　月　　日

<table>
<tr><td>购货单位</td><td colspan="9"></td><td>纳税人识别号</td><td colspan="9"></td></tr>
<tr><td>地址电话</td><td colspan="9"></td><td>开户银行</td><td colspan="9"></td></tr>
<tr><td rowspan="2">货物或应税劳务</td><td rowspan="2">数量</td><td rowspan="2">单价</td><td colspan="7">金额</td><td rowspan="2">税率（%）</td><td rowspan="2">数量</td><td rowspan="2">单价</td><td colspan="7">金额</td></tr>
<tr><td>万</td><td>仟</td><td>佰</td><td>拾</td><td>元</td><td>角</td><td>分</td><td>万</td><td>仟</td><td>佰</td><td>拾</td><td>元</td><td>角</td><td>分</td></tr>
<tr><td></td><td></td><td></td><td></td><td></td><td></td><td></td><td></td><td></td><td></td><td></td><td></td><td></td><td></td><td></td><td></td><td></td><td></td><td></td><td></td></tr>
<tr><td></td><td></td><td></td><td></td><td></td><td></td><td></td><td></td><td></td><td></td><td></td><td></td><td></td><td></td><td></td><td></td><td></td><td></td><td></td><td></td></tr>
<tr><td></td><td></td><td></td><td></td><td></td><td></td><td></td><td></td><td></td><td></td><td></td><td></td><td></td><td></td><td></td><td></td><td></td><td></td><td></td><td></td></tr>
<tr><td>合计</td><td></td><td></td><td></td><td></td><td></td><td></td><td></td><td></td><td></td><td>合计</td><td></td><td></td><td></td><td></td><td></td><td></td><td></td><td></td><td></td></tr>
<tr><td>价税合计</td><td colspan="19">人民币（大写）　　万　仟　佰　拾　元　角　分</td></tr>
<tr><td>销货单位</td><td colspan="9"></td><td>纳税人识别号</td><td colspan="9"></td></tr>
<tr><td>地址电话</td><td colspan="9"></td><td>开户银行</td><td colspan="9"></td></tr>
</table>

发票联（购货方记账凭证）

开票人：　　　　复核人：　　　　收款人：　　　　开票单位（盖章）：

### （二）记账凭证

记账凭证是核算单位的会计人员根据原始凭证填制的，主要内容是符合复式记账要求的会计分录，用于登记账簿的会计凭证。

尽管原始凭证应该具有一些基本内容，但原始凭证的格式、内容各不相同，如果按照原始凭证直接进行登记账簿，难以分辨出头绪，难以对原始凭证进行有效的分类。为了能够将描述不同经济业务的原始凭证进行归类，应该对原始凭证所描述的经济业务内容进行分析，找出它们的特点，然后归类并进行进一步的分类处理。

如果对记账凭证不进行分类，记账凭证的格式一般是通用记账凭证格式，如表 6-7 所示，即所有发生的经济业务都用这一种格式进行填制记账凭证；如果按照发生的经济业务是否与库存现金、银行存款的收付有关，可以将记账凭证分为收款凭证、付款凭证和转账凭证三类；如果对收款凭证、付款凭证和转账凭证作进一步的分类，还可分为现金收款凭证、银行存款收款凭证、现金付款凭证、银行存款付款凭证和转账凭证五种记账凭证。

收款凭证主要是指对于涉及收取库存现金或银行存款的经济业务，应该编制收款凭证。付款凭证主要是指对于支付库存现金或银行存款的经济业务，应该编制付款凭证。对于不涉及库存现金或银行存款收支的经济业务应该编制转账凭证。对于涉及库存现金与银行存款之间收支的经济业务，因为既符合编制收款凭证的条件，也符合编制付款凭证的条件，为了不避免出现重复，应该只编制付款凭证。

表 6－7 通用记账凭证

记 账 凭 证

年 月 日　　　　字 号

| 摘要 | 会计账户 | 借方 | 贷方 | 过账 |
|---|---|---|---|---|
| | | | | |
| | | | | |
| | | | | |
| | | | | |
| | | | | |
| 合 计 | | | | |

附件 张

填制：　审核：　记账：　出纳：　会计主管：

表 6－8 收款凭证

收 款 凭 证

借记账户：　　年 月 日　　收字第 号

| 摘要 | 贷记账户 | 金 额 | 过账 |
|---|---|---|---|
| | | | |
| | | | |
| | | | |
| | | | |
| | | | |
| 合 计 | | | |

附件 张

填制：　审核：　记账：　出纳：　会计主管：

表 6－9 付款凭证

付 款 凭 证

贷记账户：　　年 月 日　　付字第 号

| 摘要 | 借记账户 | 金 额 | 过账 |
|---|---|---|---|
| | | | |
| | | | |
| | | | |
| | | | |
| | | | |
| 合 计 | | | |

附件 张

填制：　审核：　记账：　出纳：　会计主管：

表 6-10　现金收款凭证

现 金 收 款 凭 证

借记账户：库存现金　　　　年　月　日　　　　现收字第　　号

| 摘要 | 贷记账户 | 金　额 | 过账 |
| --- | --- | --- | --- |
| | | | |
| | | | |
| | | | |
| | | | |
| | | | |
| 合　计 | | | |

附件　张

填制：　　审核：　　记账：　　出纳：　　会计主管：

表 6-11　银行存款收款凭证

银 行 存 款 收 款 凭 证

借记账户：银行存款　　　　年　月　日　　　　银收字第　　号

| 摘要 | 贷记账户 | 金　额 | 过账 |
| --- | --- | --- | --- |
| | | | |
| | | | |
| | | | |
| | | | |
| | | | |
| 合　计 | | | |

附件　张

填制：　　审核：　　记账：　　出纳：　　会计主管：

表 6-12　现金付款凭证

现 金 付 款 凭 证

贷记账户：库存现金　　　　年　月　日　　　　现付字第　　号

| 摘要 | 借记账户 | 金　额 | 过账 |
| --- | --- | --- | --- |
| | | | |
| | | | |
| | | | |
| | | | |
| | | | |
| 合　计 | | | |

附件　张

填制：　　审核：　　记账：　　出纳：　　会计主管：

表6－13　银行存款付款凭证

银 行 存 款 付 款 凭 证

贷记账户：银行存款　　　　　　　年　月　日　　　　　　　银付字第　　号

| 摘要 | 借记账户 | 金　额 | 过账 |
|---|---|---|---|
| | | | |
| | | | |
| | | | |
| | | | |
| | | | |
| 合　计 | | | |

附件　张

填制：　　　　审核：　　　　记账：　　　　出纳：　　　　会计主管：

表6－14　转账凭证

转 账 凭 证

年　月　日　　　　　　转字第　　号

| 摘要 | 会计账户 | 借方 | 贷方 | 过账 |
|---|---|---|---|---|
| | | | | |
| | | | | |
| | | | | |
| | | | | |
| | | | | |
| 合　计 | | | | |

附件　张

填制：　　　　审核：　　　　记账：　　　　出纳：　　　　会计主管：

收款凭证可以再进一步分为现金收款凭证和银行存款收款凭证，付款凭证可以再进一步分为现金付款凭证和银行存款付款凭证。

## 二、电算化会计凭证

从现行会计电算化系统来看，大多实现了记账凭证的填制工作，对于原始凭证的编制，一般的会计电算化系统并不提供全部原始凭证的编制功能。对于一般核算单位的自制原始凭证，大多会计电算化系统或与之联系的业务处理系统能够进行编制，这种编制形式包括购买空白发票，核算单位进行套打印。对于一般核算单位的外来原始凭证，难以实现数字处理形式，例如，外单位开出的销货发票，不论对方单位是套打印的，还是手工开出的，较少能够被核算单位的会计电算化系统直接利用。因此，大多核算单位的外来原始凭证，只能通过填制记账凭证的形式作为经济业务处理的起点。

会计电算化系统的记账凭证一般可以按照手工记账凭证的分类进行设置，因此，分类形式与手工一样。在填制时，因为可利用会计电算化系统的多方面的有利条件，比较容易实现手工的一些重要要求，如借贷方平衡的检验。

## 三、会计凭证的作用

会计凭证在会计账务处理过程中起着十分重要的作用，这些作用主要包括：

1. 描述所发生的经济业务信息

不论是原始凭证还是记账凭证，都是用来描述所发生的经济业务信息，只不过两者的描述方法不同，用途不同。原始凭证是在经济业务发生或完成时填制或取得的，是描述所发生或完成的经济业务的第一手资料；对于记账凭证，除少量记账凭证可以不附有原始凭证外，大多附有原始凭证。因此，记账凭证的会计信息主要来自于原始凭证。记账凭证是按照规定方法对原始凭证描述的经济业务作进一步的归类，以便登记账簿。

2. 登记账簿的依据

会计账簿已经考虑到了用途，一般核算单位设置哪些账簿，账簿的格式内容怎样，都是从应用角度进行了考虑。会计账簿通常难以直接依据原始凭证进行登记，一般需要通过编制记账凭证以后，才能方便的对各种会计账簿进行登记。因此，在会计实务中，一般都要编制记账凭证，然后登记会计账簿。尽管有些核算单位填制的记账凭证，因描述的经济业务信息不完整，在登记账簿时，不仅要依据记账凭证，还要依据原始凭证，但填制和审核记账凭证并登记入账仍是不可或缺的步骤。记账凭证的会计信息来自于审核无误的原始凭证，因此，会计凭证是登记账簿的依据。

3. 明确经济责任

不论是原始凭证，还是记账凭证，都有相关人员的签章，目的是在出现异常情况时，能够通过相关人员的签章，通过辨识工作过程，明确相关人员的责任。

4. 便于实现会计的各种职能

会计的基本职能是核算和监督，核算和监督职能与具体的会计信息密不可分，经济业务内容需要通过一定的方法来进行描述，会计凭证就是经济业务内容描述的具体实现。有了基本的会计信息，还应该为了实现别的职能，对基本会计信息再作进一步的处理。因此，会计凭证便于实现会计的各种职能。

# 第二节　会计凭证的填制和审核

## 一、手工会计凭证的填制和审核

### （一）原始凭证的填制

尽管原始凭证的格式多种多样，但有一定的基本内容。

1. 原始凭证的基本内容

原始凭证的名称；填制时间和编号；接受单位的名称；经济业务内容摘要；计量单位、数量、单价、金额等参数；填制单位、填制人员、审核人员、验收人员的签章。

在手工填制的原始凭证中，有些原始凭证的格式内容是预印制的，只手工填写部分内容。有的原始凭证因为受到填制条件的限制，以及出于填制方便的考虑，上述基本内容并不一定能够全部预印制，甚至在填写时也不一定要求填入，如车票。有的原始凭证因使用面较广，预印制的量大，涉及的金额等内容又较为重要，则可能采用统一印制的格式。如发票，销售发票不仅在领用时要求核算单位购买，发票还标有编号，以便于对发票的填制和使用过程进行控制。

2. 原始凭证填制的基本要求

从填制项目来看，主要要求有：

（1）原始凭证的名称应与原始凭证描述的内容相符。例如，发票不能标识名称为领料单；入库单不能标识为发票等。

（2）填制时间应填写填制原始凭证的时间。原始凭证中有的项目内容是要求填写经济业务的发生或完成时间，则填入的时间应与经济业务实际发生或完成的时间相符；原始凭证有印制编号的，一般是要求控制数量的，作废的原始凭证也要注意妥善保管。如果未能及时填制，补填原始凭证时最好注明两个时间——应填制的时间及补填时间。

（3）接受单位的名称应尽量唯一，并与接受单位或个人相符。例如，如果单位代码在填制会计凭证过程中普遍盛行，则可以用来代替接受单位的名称；如果要求填入的接受单位名称是个人姓名，且个人身份证号能够被有效接受，因个人身份证号具有唯一性，也可以作为个人姓名的替代。

（4）经济业务内容摘要应与经济业务内容相符。在有的原始凭证中，要求摘要注明经济业务涉及的具体经济业务内容。例如，销售发票要注明商品的名称；车票要注明始发站、终到站；领料单要注明材料的品名规格等。

（5）计量单位、数量、单价、金额等参数应与经济业务内容相符。这些参数是原始凭证的重要内容，因为一般涉及资金变化的经济业务，都会涉及与资金变化相关的参数，这些参数是计量单位、数量、单价、金额等。

（6）填制单位、填制人员、验收人员、审核人员等的签章。签章主要是明确经济责任，特别是一些重要的原始凭证，相关人员的签章尤为重要。因为重要的原始凭证，不论是金额，还是相关的经济责任，都是较大的，因此，签章能够明确责任。

从填制内容来看，基本要求有：

记录真实——即描述的经济业务内容应与经济业务的实际内容相符。这一点很重要，因为有违这一条，则填制的原始凭证不能反映经济业务的实际内容，原始凭证也就失去应有的证明作用。原始凭证如有遗失，应取得原开出单位盖有公章的证明，并注明原来的原始凭证编号和主要内容，经负责人批准，可以代替原始凭证；如果不能取得原开出单位盖有公章的证明，如车票等，经办人员写出详细的事情经过，经负责人批准，可以代替原始凭证。

内容齐全——应该填写的项目不能漏填，以免遗漏会计信息。原始凭证应该盖有开出单位的单位公章，从个人取得的原始凭证应该有经办人员的签章。

手续完备——原始凭证应该经过必要的手续过程。财产物资的验收应该有验收证明；支付款项的业务应该取得对方单位的收款证明；一式几联的原始凭证，如果用于报销的，只有一联能够用作报销凭证；一式几联的原始凭证应该用复写纸套写；给外单位开出的原始凭证，应该盖有本单位的公章。销售退货的，应该取得对方的收款收据，不能用退货发票代替收款收据。

书写规范——填制原始凭证时书写文字或数字应该符合一定的规定。金额中阿拉伯数字前应该有货币符号，例如，人民币符号是￥（港币符号是 HK$，美元符号是 $），数字和货币符号之间以及数字与数字之间不能留有空白，阿拉伯数字后不再写“元”字，阿拉伯数字除单价外一律填写到角分；角位和分位为零的可以写成 .00 或 .—，角位不为零分位为零的或角位分位都不为零的，角位和分位应该填写。

金额大写时数字应该符合规定，这些数字包括：亿万仟佰拾元角分零整壹贰叁肆伍陆柒捌玖拾，不能另造简化字千百一二三四五六七八九十毛另正。金额数字前应该填写货币名称：人民币、港币、美元等，货币名称与大写数字以及大写数字之间不能留有空白；金额有分位的应该填写到分且不能加“整”字，没有分位的，在大写金额后应该加“整”字。

金额大写时，除原始凭证上已经给定了大写金额的格式，此时应该每位都填写外，有时可以缩写。例如，①金额是“￥122.56”，大写金额时应该写成“人民币壹佰贰拾贰元伍角陆分”；②金额是“￥23 300.20”，大写金额时应该写成“人民币贰万叁仟叁佰元贰角整”；③金额是“￥8 800 080.00”，大写金额时应该写成“人民币捌佰捌拾万零捌拾元整”；④金额是“￥8 800 080.87”，大写金额时应该写成“人民币捌佰捌拾万零捌拾元捌角柒分”。

填制及时——原始凭证是经济业务的描述，并将用于对会计信息的进一步加工，因此，应该注意原始凭证填制的时效性问题。

### （二）原始凭证的审核

1. 审核原始凭证的合规性

原始凭证的合规性是指依据各种规章制度的规定，审核原始凭证是否符合法律法规的规定，审核原始凭证是否符合有关准则制度的规定。主要应该审核所描述的经济业务是否与实际发生的经济业务相符，是否符合单位的财经纪律和结算纪律以及各种规定。

2. 审核原始凭证的完整性

原始凭证的完整性是指应该填写的内容是否已经按照要求填写，审核原始凭证描述的经济业务是否会计信息完整，是否没有出现遗漏。完整性有利于对原始凭证描述的会计信息的后续处理，如果有遗漏，将会影响到填制记账凭证、登记账簿、甚至编制财务会计报告以及对会计信息的再进一步的处理。

3. 审核原始凭证的技术性

原始凭证的技术性是指为了保证原始凭证描述的经济业务与实际发生的经济业务相符，在原始凭证上所作的各种技术处理。审核原始凭证的技术性方面主要包括：原始凭证的纸介质有否特制底色图；有否水印；有否检验密码或别的校验码；是否有特制的磁性条码；数据之间的关系以及校验方法等。

### （三）记账凭证的填制

1. 记账凭证的基本内容

这些内容包括：记账凭证名称；填制时间；凭证字号；摘要；应借应贷会计账户名称；借方贷方发生额；合计；附件张数；填制人、审核人、记账、出纳、会计主管的签章。

2. 记账凭证填制的基本要求

从填制项目来看，主要要求有：

（1）记账凭证名称应该按照规定的分类形式进行列示。如果所有的记账凭证都是一类，则名称可以是“记账凭证”或“通用记账凭证”；如果记账凭证分为三类，则可以是“收款凭证”、“付款凭证”和“转账凭证”等；如果记账凭证分为五类，则可以是“现金收款凭证”、“现金付款凭证”、“银行存款收款凭证”、“银行存款付款凭证”、“转账凭证”。

（2）填制时间应该是填制记账凭证的时间。因为经济业务的发生时间或完成时间在所附的原始凭证上有相应的项目列示或注明。

（3）凭证字号应该按照分类、按月分别连续编号。例如，某核算单位的记账凭证分为“收款凭证”、“付款凭证”和“转账凭证”三类，那么，某月第一份应该填写为收款凭证的记账凭证，其凭证字号处应该填写为“收字第 1 号”；如果再出现应该填写为收款凭证的记账凭证，则在其凭证字号处应该填写为“收字第 2 号”；以此类推。每月最后一份记账凭证的凭证字号旁还要注明“全”字。如果一份凭证编号为“转字第 2 号”的转账凭证涉及的应借应贷会计账户过多，需要三张记账凭证纸才能够描述一项经济业务，则三张记账凭证的凭证字号处应该分别编号为：“转字第 $2\frac{1}{3}$ 号”、“转字第 $2\frac{2}{3}$ 号”和“转字第 $2\frac{3}{3}$ 号”。

（4）摘要要简明扼要。摘要是用文字简略的描述出所发生的经济业务内容，因此，一般对摘要的要求是简明扼要。需要说明的是，因为印制的记账凭证格式上并没有给出填制所有内容的位置，因此，有时为了便于记账的方便，在摘要处还有可能登记计量单位、数量等一些参数。

（5）应借应贷会计账户名称正确。记账凭证中，会计分录是极为重要的内容，特别是应借应贷的会计账户名称应该正确。如果应借应贷的会计账户名称不正确，登记账簿的位置肯定不正确。

（6）借方贷方发生额的合计数应该平衡且与发生的经济业务相符。记账凭证中的会计分录不仅应借应贷的会计账户名称应该正确，借方贷方发生额的合计数应该平衡，这符合借贷记账法的“有借必有贷，借贷必相等”的规则。

（7）附件张数应依据经济业务的实际来填写。除结账和更正错账的记账凭证可以不附原始凭证外，其他记账凭证一般都要附原始凭证。一般要求将涉及的原始凭证的张数填入到记账凭证的“附件　张”处，在记账凭证上填写附件张数的目的是为了注明与记账凭证相联系的原始凭证究竟有多少，以免遗失。

（8）填制人、审核人、记账、出纳、会计主管的签字盖章应该在规定的程序步骤中进行处理。在记账凭证上进行签章的目的是明确经济责任。

从填制内容来看，基本要求有：摘要要简明扼要；会计分录要正确；要连续编号；不能跳行；附件张数应符合经济业务的实际。

### （四）记账凭证的审核

1. 记账凭证的内容是否与原始凭证相符

记账凭证描述的会计信息来自于原始凭证，因此，记账凭证的内容应与原始凭证的内容相符。只不过是记账凭证描述的会计信息是对原始凭证上描述的会计信息所作的进一步分类，是为了便于登记会计账簿。

2. 记账凭证的正确性

记账凭证描述的会计信息是否正确，将影响到会计账簿上会计信息的正确性，将影响到编制的财务会计报告是否正确，以及影响到产生的各种内部会计报表、实现各种会计职能时的相关会计信息是否正确。

3. 记账凭证的完整性

记账凭证的填写内容须完整，如果不完整，产生的会计信息将影响到后续会计处理过程。

## 二、电算化会计凭证的填制和审核

### （一）电算化会计凭证的填制

电算化会计凭证的填制主要起点在自制的原始凭证和记账凭证，因为现行会计电算化系统对于大多数外来的原始凭证难以进行有效的处理，当然随着信息技术的发展，会计电算化系统应该能够解决这个问题。

由于会计电算化系统可以借助计算机处理技术，因此，在有些方面会有优势。会计电算化系统中的记账凭证可以提供包括数量项目在内的更多填写项目。

### （二）电算化会计凭证的审核

电算化会计凭证的审核与手工会计核算中对记账凭证的审核类似，尽管在实现手段上可以多种多样，但主要的目的仍是保证填制的记账凭证与所发生的经济业务内容相符。

# 第三节　会计凭证的传递和保管

## 一、手工会计凭证的传递

会计凭证的传递是指会计凭证从填制或取得时起，经过记账、装订，直到归档保管时止，所经过的会计程序和进行的会计处理。其主要包括传递路线、传递时间、传递手续三个方面。

传递路线是指会计凭证传递过程中从起点（节点）、一个节点到另一个节点、直到终点（节点）结束的节点与节点之间的传递线路。

传递时间是指从一个节点到另一个节点之间、各节点之内对会计凭证的传递和处理的时间。

传递手续是指会计凭证在各节点之内具体处理的手续过程。

上述“节点”可以是科室，也可以是办事机构等。

一个核算单位会计凭证的传递路线、传递时间和传递手续可以用节点图形象地描述出来。

## 二、电算化会计凭证的传递

电算化会计凭证的传递与手工会计凭证的传递不同，电算化会计凭证的传递主要涉及会计凭证数据的存储位置、进行处理的位置、填制人的界面位置、相关的业务人员的处理位置、对外单位会计凭证数据的接收、处理顺序、处理时间、具体处理内容、处理完成后的会计凭证数据的存储位置、对传递到外单位的会计凭证的处理等。与手工会计凭证处理一样，这里更多的是站在填制者、业务人员的角度，并不是站在会计电算化系统的角度，因此，实际上，有较多处理过程对填制者、业务人员来说并不熟悉，也没有必要熟悉。例如，填制者在某一计算机上填制会计凭证，在填制过程中会计电算化系统可能已经进行了若干次数据传递，也可能是在当地计算机上填制完成后，发送到另一计算机上作进一步的再处理。对于填制者来说，有时甚至不知道有哪些业务人员参与了处理（即使有的系统有网络状态传送，也不能简单判定是否有意料外的人参与了处理）。

## 三、会计凭证的保管

1. 装订成册

每隔一段时间（一般是一个月），应该将该时期内的会计凭证加上封面装订成册，按照记账凭证的类别分别进行装订，如果某一类记账凭证太多，可以分几册加上封面装订。在封面上注明时间、记账凭证的类别、记账凭证的起止字号，在装订线处贴上密封标签，并签上会计人员和负责人的签章。

2. 归档保管

会计凭证装订成册后，原则上可以在会计部门保管一年，一年后应该移送到档案管理部门。移交时应该由双方的责任人员造表登记，并签章明确责任。

3. 借阅和销毁

会计凭证一般不外借，但经过负责人的批准，可以复印。

按照1999年的《会计档案管理办法》，会计凭证有一定的保管期限，到了规定的期限，可以按照规定的程序予以销毁。

## 复习思考题

1. 会计凭证、原始凭证、记账凭证的含义是什么?
2. 自制原始凭证、外来原始凭证的含义是什么?
3. 电算化会计凭证的含义是什么?
4. 手工会计凭证的填制要求有哪些?
5. 手工会计凭证的审核包括哪些内容?
6. 会计电算化系统会计凭证的填制和审核包括哪些内容?
7. 手工会计凭证的传递主要包括哪些方面?
8. 电算化会计凭证的传递主要包括哪些方面?

## 练习题

### 一、单项选择题

1. 按照记载介质和处理形式分，会计凭证可以分为手工会计凭证和（ ）。
   A. 电算化会计凭证　　B. 财务会计报告
   C. 会计账簿　　D. 科目汇总表
2. 记账编制凭证是根据（ ）的内容编制的。
   A. 自制原始凭证　　B. 会计账簿
   C. 外来原始凭证　　D. 领料单
3. 入库单是（ ）。
   A. 自制原始凭证　　B. 外来原始凭证
   C. 记账凭证　　D. 记账编制凭证
4. 制造费用分配表是（ ）。
   A. 自制原始凭证　　B. 外来原始凭证
   C. 记账凭证　　D. 发票
5. （ ）不是记账凭证的内容。
   A. 接收单位的名称　　B. 应借应贷会计账户名称
   C. 发生额　　D. 附件张数

### 二、多项选择题

1. 自制原始凭证包括（ ）。
   A. 一次凭证　　B. 累计凭证　　C. 汇总原始凭证　　D. 记账编制凭证
2. 记账凭证按照是否与现金、银行存款的收付有关，可以分为（ ）。
   A. 收款凭证　　B. 发票　　C. 付款凭证　　D. 转账凭证

3. (　　) 是记账凭证填制的基本要求。

A. 摘要要简明扼要　　B. 会计分录要正确

C. 要连续编号　　D. 不能跳行

4. (　　) 是原始凭证的审核要求。

A. 技术性　　B. 完整性　　C. 合规性　　D. 会计分录要正确

5. 会计凭证的传递包括 (　　)。

A. 传递路线　　B. 传递时间　　C. 传递商品　　D. 传递手续

# 第七章　会计账簿

不论是手工会计核算系统，还是会计电算化系统，都离不开会计账簿的概念，会计账簿是完成会计核算的工具。因此，会计账簿在会计核算过程中是相当重要的。

## 第一节　会计账簿的分类

### 一、会计账簿的分类

1. 按照用途分类

会计账簿按照用途分类，可以分为序时账簿、分类账簿、备查账簿。序时账簿是因为登记经济业务的顺序与时间有联系而称为“序时”的；分类账簿是因为经济业务按照账户分类进行登记而称为“分类”的；备查账簿是因为账簿的用途是备查忘而称为“备查”的。

（1）序时账簿。

序时账簿是根据经济业务发生的先后顺序逐日逐笔进行登记的会计账簿。因为是逐日逐笔登记，因此又称为日记账。序时账簿按照反映经济业务内容的不同，可以分为普通日记账和特种日记账。普通日记账是反映全部经济业务的日记账，特种日记账是反映某类经济业务的日记账。

普通日记账因在账簿内反映全部经济业务，涉及经济业务内容多，没有详细分类，或纵使是多栏式但因篇幅的原因，难以快速得出涉及所有账户（一般不是明细）的发生数额，因此，较少被采用。特种日记账包括现金日记账、银行存款日记账、购货日记账、销货日记账等，因为只反映某类经济业务，因此，较多单位设置了现金日记账和银行存款日记账，用于加强对核算单位的库存现金和银行存款的核算。

（2）分类账簿。

分类账簿是指根据“账户分类”设置的会计账簿。会计账户按照提供经济业务的详细程度来分，可以分为一级、二级、三级等会计账户，一级会计账户又称为总分类账户（由总分类账户构成总分类账簿，简称为总账），二级、三级等非一级会计账户又称为明细分类账户。分类账簿解决了账簿信息的分类反映的问题，总分类账户提供总括资料，明细分类账户提供详细资料。

在实际应用中，有的核算单位将日记账簿与总分类账簿结合起来，形成联合账簿，称为日记总账。

（3）备查账簿。

备查账簿又称为辅助账簿，是为了方便会计人员备查而开设的，主要用于日记账、分类账中反映不全或没有反映的经济业务内容。例如，租入固定资产登记簿、票据登记簿等。会计人员在登记经济业务过程中，除了将经济业务内容登记到已设置好的日记账、分类账中，还会涉及一些日记账、分类账不能记录或记录不全的经济业务内容，会计人员为了备查忘需要将经济业务内容登记到开设好的辅助账簿中。

2. 按照外表形式分类

可以分为订本式、活页式、卡片式账簿。

（1）订本式。

订本式会计账簿是指在启用前，整个账册已装订在一起，不能分拆的会计账簿。装订在一起的目的，是因为这些会计账簿比较重要，例如，总分类账、现金日记账和银行存款日记账等。订本式会计账簿不能分拆，因此，不便于多人同时登记。订本式会计账簿的账页固定，可以事先对账页做好连续编号。

（2）活页式。

活页式会计账簿是指整个账册没有装订，账页可以拆出或放在一起的活页式会计账簿。活页式会计账簿主要用于各种明细分类账，对经济业务进行明细分类核算。因能够分拆，方便多人同时记账。活页式会计账簿的账页不固定，在账页编号时可以分账户分别连续编号。

（3）卡片式。

卡片式会计账簿是指由一张一张的卡片组成的会计账簿。主要用于固定资产或材料物资（如原材料或库存商品等）的登记。卡片式会计账簿一般适用于比较复杂的财产物资的登记，这些财产物资卡片账的特点是种类多、种类稳定、卡片不需要经常更换、卡片登记项变化不多并预留登记位置、便于查阅等。卡片账一般放置在卡片箱内，由专人负责保管。

## 二、会计电算化系统的账簿存储

会计电算化系统的会计账簿与手工会计核算系统的会计账簿有较多不同之处，大多会计电算化系统的主要账务处理过程与手工账务处理过程类似，但会计电算化系统产生会计账簿的处理过程是在机内完成的。会计电算化系统有可能对一些会计账簿进行专门的存储，也有可能对一些会计账簿在需要时临时形成。在手工会计核算系统的会计账簿设置中，应该考虑较多方面的内容，如要考虑系统性问题、开设哪些账簿，账簿的结构怎样。在会计电算化系统中，可以按照手工会计核算系统会计账簿的结构形式来设置会计账簿，也可以不按照手工会计核算系统会计账簿的结构形式来设置会计账簿，这是因为有的手工会计核算系统会计账簿的设置考虑到了手工的工作量等问题。

## 三、会计账簿的作用

1. 提供详细的会计信息

会计账簿的会计信息来自于会计凭证，会计凭证能够提供会计核算所需的会计信息。会计信息只有经过加工处理，才能更好地被阅读理解或被再处理。会计账簿的会计信息是根据原始凭证和记账凭证，登记到账簿中去的，是对会计凭证上会计信息的进一步加工处理，因此，能够提供详细的会计信息。

2. 编制财务会计报告

会计核算的过程可以简略概括为“证、账、表”，这里所说的“表”包括了会计准则制度规定的财务会计报告。编制财务会计报告所需要的会计信息主要来自于会计账簿，会计账簿为编制财务会计报告提供必要的会计信息。

3. 用于计算各种指标

会计账簿能够提供各种会计信息，包括内部管理用的各种指标的计算和应用，因此，作为内部管理用的多种指标，可以通过会计账簿上提供的会计信息计算得到。

# 第二节　会计账簿的设置和登记

## 一、会计电算化的账簿设置和登记

进行账务处理应该考虑到会计账簿，在会计电算化系统中，主要从两个方面来看账簿的设置和登记，一方面，从会计核算的需要来看，应该设置哪些账簿？账簿的格式和应登记的内容怎样？另一方面，从会计电算化系统的子系统划分来看，各子系统之间涉及会计账簿的数据处理是怎样的？

第一个方面与手工类似，对于第二个方面，不仅要考虑账务处理子系统与工资、固定资产等子系统之间的数据传递关系，还要考虑账务处理子系统与工资、固定资产等子系统之间的总分类账处理和明细分类账处理的功能划分；不仅要考虑有些会计账簿一经产生则立即存储，还要考虑有些会计账簿在显示查询时产生但并不一定存储，或可供选择的存储；不仅要参照手工会计核算已有的会计账簿，在会计电算化系统中考虑这些会计账簿的设置、登记和存储，还要考虑到因实际需要但手工难以实现的，会计电算化系统可以实现的会计账簿的设置、登记和存储。例如，手工会计核算时存在总分类账、明细分类账，但不需要考虑也不存在功能划分的问题；会计电算化系统则不同，一般将总分类账放在账务处理子系统中进行处理，明细分类账则不一定。如果有的子系统能够进行相应的明细分类账的处理，则一般不再重复地将相应的明细分类账的处理放在账务处理子系统中进行。例如，尽管科目汇总表并不是会计账簿，但从科目汇总表与会计账簿的关系来看，科目汇总表不是会计账簿，胜似会计账簿。会计电算化系统出于进行账务处理的需要，通常会根据会计凭证来产生并存储科目汇总表，为什么要存储科目汇总表呢？这与科目汇总表的形成有关系，因为为了得到科目汇总表，需要对整个时期（如月份或旬等）的记账凭证进行处理，因此，考虑到处理的工作量以及对后续处理工作的影响，处理结果一般予以存储。

对会计账簿的登记工作，会计电算化系统只需要按照预先设计的处理过程进行处理，运行相应的处理功能（程序）。因此，会计电算化系统对会计账簿的登记工作一般没有人机交互的过程，只是在填制和审核会计凭证后，由会计电算化系统登记会计账簿，完成相应的处理过程。

## 二、手工会计账簿的设置和登记

手工会计账簿的设置和登记不仅要考虑会计账簿的系统性、会计账簿之间的关系，还要考虑到账簿的种类、账页的格式和内容、登记账簿的方法。按照可能的账簿设置和登记的内容来看，手工会计账簿的设置和登记分为日记账的设置和登记、分类账的设置和登记、备查账的设置和登记。

### （一）日记账的设置和登记

因为日记账有普通日记账和特种日记账之分，因此，日记账的设置和登记分为普通日记账的设置和登记、特种日记账的设置和登记。

1. 普通日记账的设置和登记

从格式上来看，普通日记账的设置和登记又有两栏式普通日记账和多栏式普通日记账的设置和登记。

（1）两栏式普通日记账的设置和登记。

**表 7-1　两栏式普通日记账**

| 年 | | 凭证字号 | 摘要 | 账户名称 | 借方 | 贷方 | 过账 |
|---|---|---|---|---|---|---|---|
| 月 | 日 | | | | | | |
| | | | | | | | |
| | | | | | | | |
| | | | | | | | |
| | | | | | | | |
| | | | | | | | |
| | | | | | | | |
| | | | | | | | |

两栏式普通日记账的登记：填入好除“过账”外的，如“年月日”，“摘要”等每个栏目的内容；将记账凭证按照借贷所涉及的会计账户，一个会计账户一行进行登记；一定时间，按行填好“过账”，可以打“√”，也可以填入过账的会计账簿页数。

两栏式普通日记账的优点：简单，容易处理。

两栏式普通日记账的缺点：差不多是将记账凭证照搬到两栏式普通日记账上，因此，结果整个账簿是“会计凭证簿”，实际上是记账凭证的重复；另外，难以区分某一会计账户的借贷方发生额究竟是多少，因此，两栏式普通日记账对会计信息的加工处理较少。

（2）多栏式普通日记账的设置和登记。

**表 7－2　多栏式普通日记账**

| 年 | | 凭证字号 | 摘要 | 库存现金 | | 银行存款 | | 应收账款 | | 预付账款 | | 应付账款 | | …… |
|---|---|---|---|---|---|---|---|---|---|---|---|---|---|---|
| 月 | 日 | | | 借 | 贷 | 借 | 贷 | 借 | 贷 | 借 | 贷 | 借 | 贷 | …… |
| | | | | | | | | | | | | | | |
| | | | | | | | | | | | | | | |
| | | | | | | | | | | | | | | |
| | | | | | | | | | | | | | | |
| | | | | | | | | | | | | | | |
| | | | | | | | | | | | | | | |
| | | | | | | | | | | | | | | |

多栏式普通日记账的登记：将记账凭证按照表 7－2 进行登记，每一行填入一份记账凭证；处于最右边的若干个会计账户名称栏可以先空着，不预先印制，当发生经济业务，涉及具体会计账户名称时再手工填入；一定时期，可以根据多栏式普通日记账的记录再过入到别的账簿，在多栏式普通日记账内应该做好相应的标识。具体做法是，在最后一份记账凭证登记完成的后一行，在“摘要”栏内注明“过账”，在该行的对应会计账户栏内注明过账符号或过入账簿的页数。

多栏式普通日记账的优点：与两栏式普通日记账相比，多栏式普通日记账具有一定的“分类”特点，即把涉及的会计账户分别各栏并区分借方和贷方进行登记，可以将各会计账户的发生数额区分开来；便于过账。

多栏式普通日记账的缺点：因为篇幅的原因，不一定能预先将所有涉及的会计账户全部列写出来，有时只能列写部分，另一些只能像两栏式普通日记账一样放在一起；列写出来的会计账户所占的篇幅较宽，不便查阅；尽管有“分类”的特点，但一般一个会计账户只占一栏，很少为了区分不同的明细分类核算，一个会计账户分几栏（即区分明细分类账户）进行列示。

2. 特种日记账的设置和登记

(1) 三栏式特种日记账的设置和登记。

**表 7-3　三栏式现金日记账**

| 年 | | 凭证字号 | 摘要 | 对应账户 | 收入（借方） | 支出（贷方） | 结余（余额） |
|---|---|---|---|---|---|---|---|
| 月 | 日 | | | | | | |
| | | | | | | | |
| | | | | | | | |
| | | | | | | | |
| | | | | | | | |
| | | | | | | | |
| | | | | | | | |
| | | | | | | | |

三栏式现金日记账的登记：按照记账凭证登记三栏式现金日记账，涉及的对应账户有多少则应该填入多少行；按日结算出本日合计、收入发生额、支出发生额以及结余；与总分类账的库存现金数额进行核对，应该账账相符；与库存现金的实存数进行核对，应该账实相符。

**表 7-4　三栏式银行存款日记账**

| 年 | | 凭证字号 | 摘要 | 结算凭证 | 对应账户 | 收入（借方） | 支出（贷方） | 结余（余额） |
|---|---|---|---|---|---|---|---|---|
| 月 | 日 | | | | | | | |
| | | | | | | | | |
| | | | | | | | | |
| | | | | | | | | |
| | | | | | | | | |
| | | | | | | | | |
| | | | | | | | | |
| | | | | | | | | |

三栏式银行存款日记账的登记：按照记账凭证登记三栏式银行存款日记账，涉及的对应账户有多少则应该填入多少行；注意填写结算凭证，即结算方式、结算凭证号等。认真填写该栏有利于进行银行对账工作；按日结算出本日合计、收入发生额、支出发生额以及结余；与总分类账的银行存款数额进行核对，应该账账相符；一段时间，与送来的银行对账单进行核对，银行存款日记账和银行对账单应该调节相符。

三栏式特种日记账的优缺点：优点是三栏式特种日记账的入账简单，处理过程容易理解；缺点是不能将“对应账户”区分为不同的会计账户，分栏列示，因此，也难以将发生数额按不同的会计账户进行区分，难以区分“对应账户”中涉及的各会计账户的收入发生额，支出发生额。

（2）多栏式特种日记账的设置和登记。

**表7-5 多栏式现金（或银行存款）日记账**

| 年 | | 凭证字号 | 摘要 | 发生额 | 收入 | | | | 支出 | | | |
|---|---|---|---|---|---|---|---|---|---|---|---|---|
| 月 | 日 | | | | | | | 合计 | | | | 合计 |
| | | | | | | | | | | | | |
| | | | | | | | | | | | | |
| | | | | | | | | | | | | |
| | | | | | | | | | | | | |
| | | | | | | | | | | | | |
| | | | | | | | | | | | | |
| | | | | | | | | | | | | |

多栏式特种日记账的登记：一般一行是一份记账凭证，如果对应账户是借记，即贷记现金（或银行存款），则应该在“支出”栏内找到借记的会计账户名称，登记入账；如果对应的会计账户是贷记，即借记现金（或银行存款），则应该在“收入”栏内找到贷记的会计账户名称，登记入账；按日结算出“本日合计”，结算出“收入”账户的发生额合计，以及“支出”账户的发生额合计；一定时间，应该将各“收入”账户的累计、各“支出”账户的累计登记到总分类账中，可以减少总分类账的部分登记工作量，但要注意涉及库存现金与银行存款之间的发生数额，不要多记，也不要漏记。在过入到总分类账中的同时，在多栏式现金（或银行存款）日记账内应该做好相应的标识，即在“累计”行的下一行，在“摘要”栏内注明“过账”，在该行的对应会计账户栏内注明过账符号或过入账簿的页数。

多栏式特种日记账的优缺点：因区分了“收入”和“支出”栏，可以区分不同的“收入”、“支出”会计账户，可以分别列示不同会计账户对应的库存现金（或银行存款）的“收入”或“支出”发生额；便于过账。

尽管作了区分，但列写出来的会计账户所占的篇幅较宽，不便查阅。为了解决篇幅的问题，可以考虑将“收入”和“支出”分别两个账簿进行登记和过账，结果是应该设置“多栏式现金收入日记账”、“多栏式现金支出日记账”、“多栏式银行存款收入日记账”、“多栏式银行存款支出日记账”。另需要说明的是，多栏式银行存款日记账一般至少会多一个“结算凭证”栏。

尽管有“分类”的特点，但一般一个会计账户只占一栏，很少为了区分不同的明细分类核算，将一个会计账户分几栏（即区分明细分类账户）进行列示。

## （二）分类账的设置和登记

1. 总分类账的设置和登记

表7－6 总分类账

总分类账

账户名称： 页码：

| 年 | | 凭证字号 | 摘要 | 借方 | 贷方 | 借或贷 | 余额 |
|---|---|---|---|---|---|---|---|
| 月 | 日 | | | | | | |
| | | | | | | | |
| | | | | | | | |
| | | | | | | | |
| | | | | | | | |
| | | | | | | | |
| | | | | | | | |
| | | | | | | | |

总分类账的登记：年初，一般应更换总分类账簿；填写好“××年”四位完整年度数字，在各会计账户第一行的“摘要”栏内注明“上年结转”字样，与上一会计年度的“结转下年”相对应，标识数据之间的来源关系；在第二行“月”、“日”栏内分别填入“1”、“1”，同时将上一年度的各会计账户的余额填入到各会计账户的第二行，在“摘要”栏内注明“年初余额”等字样。平时，根据记账凭证、科目汇总表、汇总记账凭证等登记总分类账。各会计账户与明细分类账户对账，库存现金、银行存款账户与现金日记账、银行存款日记账核账，应该账账相符；按期结账，结算出本期（或累计期）的借贷方发生额和余额；编制试算平衡表，应该试算平衡。

2. 明细分类账的设置和登记

（1）三栏式明细分类账的设置和登记。

三栏式明细分类账的登记：年初，如果更换账簿，应该填写好“××年”四位完整年度数字，在各明细分类账户第一行的“摘要”栏内注明“上年结转”字样，与上一会计年度的“结转下年”相对应，标识数据之间的来源关系；在第二行的“月”、“日”栏内分别填入“1”、“1”，同时将上一年度的各明细分类账户的余额填入到各明细分类账户的第二行，在“摘要”栏内注明“年初余额”等字样。特别应该指出的是，对于往来账项，在填入余额时，应该根据余额的具体构成内容进行填写，可能会占若干行，具体填入结果可以参见表7－7；平时，根据原始凭证和记账凭证进行登记。各明细分类账户与总分类账户进行对账，应该账账相符。按期结账，结算出本期（或累计期）的借贷方发生额和余额。

表 7-7　更换账簿填入示意

应收账款——A 单位　明细分类账

页码：

| 20××年 | | 凭证字号 | 摘要 | 借方 | 贷方 | 借或贷 | 余额 |
|---|---|---|---|---|---|---|---|
| 月 | 日 | | | | | | |
| | | | 上年结转 | | | | |
| 11 | 20 | | 销售 a 产品价税款 | 1 170 000.00 | | 借 | 1 170 000.00 |
| 12 | 30 | | 销售 b 产品价税款 | 5 850 000.00 | | 借 | 7 020 000.00 |
| 1 | 1 | | 年初余额 | | | 借 | 7 020 000.00 |
| | | | | | | | |
| | | | | | | | |
| | | | | | | | |

表 7-8　三栏式明细分类账

______明细分类账

页码：

| 年 | | 凭证字号 | 摘要 | 借方 | 贷方 | 借或贷 | 余额 |
|---|---|---|---|---|---|---|---|
| 月 | 日 | | | | | | |
| | | | | | | | |
| | | | | | | | |
| | | | | | | | |
| | | | | | | | |
| | | | | | | | |
| | | | | | | | |
| | | | | | | | |

表 7-9　数量金额式明细分类账

账户名称：　　　　　　　　　　　　页码：

| 年 | | 凭证字号 | 摘要 | 收入 | | | 发出 | | | 结存 | | |
|---|---|---|---|---|---|---|---|---|---|---|---|---|
| 月 | 日 | | | 数量 | 单价 | 金额 | 数量 | 单价 | 金额 | 数量 | 单价 | 金额 |
| | | | | | | | | | | | | |
| | | | | | | | | | | | | |
| | | | | | | | | | | | | |
| | | | | | | | | | | | | |
| | | | | | | | | | | | | |
| | | | | | | | | | | | | |
| | | | | | | | | | | | | |

（2）数量金额式明细分类账的登记。

数量金额式明细分类账的登记：年初，如果更换账簿，应该填写好“××年”四位完整年度数字，在各明细分类账户第一行的“摘要”栏内注明“上年结转”字样，与上一会计年度的“结转下年”相对应，标识数据之间的来源关系；在第二行的“月”、“日”栏内分别填入“1”、“1”，同时将上一年度的各明细分类账户的余额填入到各明细分类账户的第二行，在“摘要”栏内注明“年初余额”等字样。特别应该指出的是，对于原材料、库存商品等，在填入余额时，有时应该根据余额的具体构成内容进行填写，可能会占若干行。例如，如果是先进先出法，则应该在填写结存的原材料或库存商品时，填入“各批”的结存信息，可以参照表7－7；平时，根据原始凭证和记账凭证进行登记。各明细分类账户与总分类账户进行对账，应该账账相符。按期结账，结算出本期（或累计期）的收入、发出和结存。

**表7－10　多栏式明细分类账**

多栏式明细分类账

账户名称：　　　　页码：

| 年 | | 凭证字号 | 摘要 | 借方 | | | | 贷方 | | | | 借或贷 | 余额 |
|---|---|---|---|---|---|---|---|---|---|---|---|---|---|
| 月 | 日 | | | | | | | | | | | | |
| | | | | | | | | | | | | | |
| | | | | | | | | | | | | | |
| | | | | | | | | | | | | | |
| | | | | | | | | | | | | | |
| | | | | | | | | | | | | | |
| | | | | | | | | | | | | | |
| | | | | | | | | | | | | | |

（3）多栏式明细分类账的设置和登记。

多栏式明细分类账按照借贷方的栏目来进行分类，可以有借方多栏、贷方多栏、借方贷方都多栏。表7－10是借方贷方都多栏的多栏式明细分类账。

“借方多栏”的多栏式明细分类账常用于各种成本、费用类的会计账户，借方用来核算出所发生的成本、费用的具体构成，贷方只有一栏，用来反映“结转”或“分配”的数额；对于通过贷方“分配”的费用，较少采用贷方多栏来进行反映。

“贷方多栏”是指借方一栏，贷方多栏的多栏式明细分类账，这种多栏式明细分类账与“借方多栏”正好相反，一般是先发生在贷方，然后通过借方减少或“结转”。实务中，这种多栏式明细分类账较为少见。

“借方贷方都多栏”如表7－10所示，“应交税费——应交增值税”账户就是一个典型的“借方贷方都多栏”的多栏式明细分类账，具体内容参见第四章。

多栏式明细分类账的登记：年初，应该仿照上述明细分类账户的填写方法，填写好明细分类账户的“年月日”会计信息和上年结转、年初余额相关的各行会计信息；平时，根据原始凭证和记账凭证进行登记。各明细分类账户与总分类账户进行对账，应该账账相符。按期结账，结算出本期（或累计期）的借方栏、贷方栏发生额和余额。

### （三）备查账的设置和登记

备查账的设置和登记与序时账簿、分类账簿不同，序时账簿、分类账簿的设置和登记受到账簿的结构、登记的内容等的影响，即序时账簿、分类账簿的格式一般要符合登记内容的需要，是具有一定格式的账簿。但备查账不同，备查账因没有格式要求，或者因需要登记的格式太杂，记录内容大多变成叙述性类的。

# 第三节 对账和结账

## 一、手工会计的对账和结账

### （一）对账

所谓对账，是指在该次对账范围内的经济业务已经全部入账的基础上，于平时、月末、季末或年末进行的账证、账账、账实的核对。

对账工作包括账证、账账、账实的核对，但因为不同的对账要求应有不同的对账内容，因此，究竟涉及哪些方面的对账工作应根据具体对账工作的目的来确定。

1. 账证核对

账证核对主要是指会计账簿与会计凭证之间的核对，因为会计账簿的信息主要来自于会计凭证，因此，账证核对的结果应该是两者相符。进行账证核对也可以按照“过账的过程”来进行核对，有时借助编制试算平衡表来进行核对。

2. 账账核对

账账核对是指会计账簿内各会计账户之间或一些会计账簿与另一些有相互联系的会计账簿之间进行的核对。其主要包括：总分类账户借方发生额与贷方发生额、总分类账户借方余额与贷方余额之间的核对；总分类账户与所属的明细分类账户之间的核对，应该按照平行登记的原理进行核对；现金日记账、银行存款日记账应该与总分类账户库存现金、银行存款核对相符；财产物资明细账应该与财产物资保管账和财产物资使用账核对相符。

3. 账实核对

账实核对是指将部分需要进行账实核对的会计账簿与财产物资或核对资料进行核对。其主要包括：现金日记账中库存现金账面余额与库存现金的实有数额核对相符；银行存款日记账账面余额与银行对账单余额调节相符；债权债务与对方核对相符；财产物资账存数与财产物资实存数核对相符。

（二）结账

结账是指在某一个时期，已经将所有的经济业务登记入账，并结算出规定时间段内的会计账户的发生额和余额。手工会计的结账主要是划线结账法，包括月结、季结、年结。

（1）月结是指在该月的最后一项登记的经济业务下面划一条通栏红线，然后结出该月的发生额和余额，并在摘要栏内填入“本月合计”或“×月发生额及余额”字样，在该行下面再划一条通栏红线。

（2）季结是指在该季的最后一个月的月结下面划一条通栏红线，在该季最后一个月“月结”的下一行结出该季的发生额和余额，并在摘要栏内填入“本季合计”或“×季发生额及余额”字样，在该行下面再划一条通栏红线。

（3）年结是指在该年的最后一个季结下面划一条通栏红线，在该季结的下一行结出该年的发生额和余额，并在摘要栏内填入“本年合计”或“全年发生额及余额”字样，在该行下面再划两条通栏红线。

年结下一行的摘要栏内应注明“结转下年”字样，表示将余额结转到下年，具体结转内容可以参见会计账簿的更换和保管。

## 二、会计电算化系统的对账和结账

（一）会计电算化系统的对账

会计电算化系统的对账工作与手工核算的对账工作不同，会计电算化系统的对账工作一般主要在于两头，一是数据信息的输入，二是数据信息的输出。因为数据信息的输入有可能因为人为的原因、机器读取的原因等造成数据信息的输入有错误。不论数据信息是否有错误，一般会计人员对输出的数据信息也需要进行检查核对。对于会计电算化系统内部，因为处理过程都是计算机处理，且一般经过了编程人员和核算单位会计人员的多次调试和检验，一般不会发生差错。

（二）会计电算化系统的结账

会计电算化系统的结账工作与对账工作一样，一般不需要对结账过程作过多检查，结账过程的主要任务是更改结账标识，以及有的会计电算化系统会对一些与结账有关的各种存储文件（包括会计账簿在内）进行处理。对有的存储文件是否要填入必要的结账标识，以及结账标识将对存储文件的处理产生怎样的影响，这取决于会计电算化系统对结账工作的处理形式。

# 第四节　账簿的启用和登记规则

## 一、手工会计账簿的启用和登记规则

### （一）账簿的启用规则

会计账簿一般是由封面、账簿启用和经管人员一览表、账页组成。账簿启用时，应该填写“账簿启用和经管人员一览表”，该表主要用于在会计账簿启用时或移交时，做好记录，以便明确责任。另外，为了便于会计人员查找和登记方便，可以对会计账簿的账页进行编号处理，并编制好目录。

表 7－11　账簿启用和经管人员一览表

单位名称：　　　　　　　　　　　账簿册数：

账簿名称：　　　　　　　　　　　账簿页数：

账簿编号：　　　　　　　　　　　启用日期：

记账人员：　　　　　　　　　　　会计主管：

| 日期 | 移交人 | | 接收人 | | 会计主管 | | 备注 |
|---|---|---|---|---|---|---|---|
| | 姓名 | 签章 | 姓名 | 签章 | 姓名 | 签章 | |
| | | | | | | | |
| | | | | | | | |
| | | | | | | | |

### （二）账簿的登记规则

手工会计账簿的登记规则包括：墨水的规定、过账的规定、空白行页的规定、登记行的规定、过次页或承前页的规定等。

1. 墨水的规定

一般要求用蓝色、蓝黑、黑色墨水登记会计账簿，但以蓝黑色较好，蓝色一般较浅，不够稳定；黑色在视觉上不如前两者。因此，以蓝黑色较好，具有两者的优点。不能用圆珠笔或铅笔登记会计账簿。

2. 过账的规定

第六章提到，在记账凭证上要求填入“过账符号或过入账簿的页数”，以标识该记账凭证或记账凭证的某些部分是否已经记账。在有的会计账簿中，也要求填入过账符号或过入账簿的页数。在过账时，应该做好这些方面的工作，以防止发生多记、漏记或记账位置错误，便于检查。

3. 空白行页的规定

如果有的会计账簿的账页是空白的，如不填入任何内容，应该用红色墨水笔划对角线注销，注明“此页空白”并签章。如果在会计账簿的账页内，有些行是空白的，如不填入任何内容，也应该用红色墨水笔划对角线注销，注明“此行空白”并签章。

4. 登记行的规定

为了便于改错，便于查阅，在登记入账的行内填入文字或数字时，一般要求填入文字或数字的高度占行高的1/2或2/3，上面留有的空白便于更改错误，视觉上的效果也会比较好。

5. 过次页或承前页的规定

在会计账簿的某账页登记到最后一行时，为了便于查找错误，便于累计，计算余额，通常在该账页的最后一行的摘要处注明“过次页”字样，并计算出本页的发生额以及至此处的余额；在下一账页的第一行的摘要处注明“承前页”字样，并把前一页最后一行的发生额和余额登记进入第一行。

### （三）错账更正

手工登记会计账簿，如果发生差错，需要对错账进行更正。尽管记账凭证填制时发生的差错，并不能说是错账，但为了能够对从记账凭证到登记账簿整个过程发生的差错进行概括，可以从记账凭证、过账、会计账簿几方面对可能发生的差错进行分析。

更正时，分为记账凭证有编号和记账凭证没编号两种情况，记账凭证有编号是指把记账凭证当作一种重要的凭证来对待，像发票一样有自己的编号，有数量控制；记账凭证没有编号是指把记账凭证当作一种重要程度不如发票的凭证来对待，没有自己的编号，没有数量控制。

**表7－12　账证差错更正办法**

| 错误位置 | 相关错误 | 对错误的分析 | 更正过程 | 更正方法 |
|---|---|---|---|---|
| 记账凭证错误会计账簿未入账 | 不涉及会计账簿。 | 错误发生在记账凭证上，不涉及会计账簿。 | （如果记账凭证有编号，应注明作废，并妥善保存填写错误的记账凭证）另填写一份正确的记账凭证，然后登记入账。 | 另填记账凭证 |
| 记账凭证错误会计账簿正确 | 已入账，且入账正确，记账凭证和会计账簿不相符。 | 这种状况主要是记账凭证有错误，但登记入账的内容是正确的，账簿不需要进行更改。 | 与上面的处理一样。 | 另填记账凭证 |

（续上表）

| 错误位置 | 相关错误 | 对错误的分析 | 更正过程 | 更正方法 |
| --- | --- | --- | --- | --- |
| 记账凭证错误<br>会计账簿错误 | 已入账，入账位置有错，记账凭证和会计账簿相符。 | 这种状况主要是记账凭证有错误，入账的位置有错误，即记账凭证上会计账户名称有错误。 | 1. 注明作废记账凭证；<br>2. 填制一个与已入账内容相符的红字记账凭证，并登记入账；<br>3. 填制一份正确的记账凭证，登记入账。 | 作废记账凭证，填红字记账凭证，登记入账；填正确的记账凭证并登记入账。<br>（红字双销法） |
| 记账凭证错误<br>会计账簿错误 | 已入账，入账位置正确，账证内容不相符。 | 这种状况主要是记账凭证有错误，但入账位置正确，即会计账簿上只是金额或摘要等有错误，账和证内容不相符。 | 1. 一般不对记账账凭证用划线更正法，因此，注明作废记账凭证；<br>2. 另填制一份正确的记账凭证；<br>3. 对已入账的金额或摘要用划线更正法。 | 作废记账凭证，填制正确记账凭证，划线更正账簿记录。<br>（划线更正法） |
| 记账凭证错误<br>会计账簿错误 | 已入账，入账位置正确，账证内容相符，只是金额错误。 | 这种状况主要是记账凭证有错误，但入账位置正确，即记账凭证会计账户名称正确，只是金额错误，账证内容相符。 | 1. 如果账证金额大于经济业务发生金额，则再填制一份红字记账凭证并登记入账，两份账证金额加减等于正确的金额；<br>2. 如果账证金额小于经济业务发生金额，则再填制一份蓝字记账凭证并登记入账，两份账证金额相加等于正确的金额。 | 1. 红字冲减法<br>2. 补充登记法 |
| 记账凭证正确<br>会计账簿错误 | 已入账，入账位置错误。 | 这种状况主要是记账凭证正确，即记账凭证包括会计账户名称在内的内容正确，但入账位置错误。 | 1. 填制与错误入账内容相符的红字、蓝字记账凭证各一份，将红字的记账凭证也登记入账；<br>2. 将原来已填制的正确的记账凭证登记入账。<br>（注意对两份记账凭证的顺序处理，如果一定还要遵循顺序号的顺序，则要考虑注明作废记账凭证的办法） | 红字双销法更正已错误入账的记录。将正确的记账凭证登记入账。 |

（续上表）

| 错误位置 | 相关错误 | 对错误的分析 | 更正过程 | 更正方法 |
| --- | --- | --- | --- | --- |
| 记账凭证正确会计账簿错误 | 已入账，记账凭证正确且与经济业务内容相符，入账位置也正确。 | 这种状况主要是记账凭证包括摘要、金额等正确，入账位置也正确，但入账的摘要、金额等错误。 | 划线更正摘要或金额。 | 划线更正法 |

假设只考虑这样一些情况——已入账，且账证内容相符，则错账更正方法包括：只是文字或金额错误，则采用划线更正法（在划线更正处签章，文字划错的部分，数字划全部）；会计账户名称错误，红字双销法；会计账户名称正确，仅金额与实际不符，已做的记账凭证和会计账簿记录不需更改，则红字冲减法或补充登记法。

［例7－1］　假设某企业某月生产A产品领用原材料1 000元，填制记账凭证上的会计分录：

借：生产成本　　1 000

　贷：原材料　　1 000

并据此登记入账，但在登记入“生产成本”账簿时，数额登记为10 000。

更正办法：可用划线更正法，在数额10 000上划线，在上方填入正确的数字1 000，并在划线处签名盖章。

［例7－2］　假设某企业某月生产A产品领用原材料1 000元，填制记账凭证上的会计分录：

借：管理费用　　[10 000]

　贷：原材料　　[10 000]

并据此登记入账，账证相符。

更正办法：第一步，填制一份红字记账凭证，并登记入账。

借：管理费用　　10 000

　贷：原材料　　10 000

第二步，填制一份正确的记账凭证，并登记入账。

借：生产成本　　1 000

　贷：原材料　　1 000

［例7－3］　假设某企业某月生产A产品领用原材料1 000元，填制记账凭证上的会计分录：

借：生产成本　　10 000

　贷：原材料　　10 000

并据此登记入账，账证相符。

更正办法：填制一份红字记账凭证，并登记入账。

借：生产成本　　9 000

　贷：原材料　　9 000

[例 7－4]　假设某企业某月生产 A 产品领用原材料 1 000 元，填制记账凭证上的会计分录：

借：生产成本　　500

　贷：原材料　　500

并据此登记入账，账证相符。

更正办法：填制一份蓝字记账凭证，并登记入账。

借：生产成本　　500

　贷：原材料　　500

### （四）账簿的更换和保管

1. 账簿的更换

一般来说，各种账簿是一年一换，但手工会计核算中有的会计账簿更换时，重抄的工作量大，这些会计账簿主要是内容较多的财产物资明细账，以及债权债务明细账。

一些有余额的明细账在更换时要注意余额的具体构成内容，如原材料明细账，不同的材料成本核算方法对结存的材料的参数有不同的要求，按照不同的要求，应该记录清楚收发存数量、单价、金额等参数。例如，债权债务明细账，应该记录清楚余额的具体构成内容，即是哪几笔经济业务形成的余额。

2. 账簿的保管

（1）账簿的平时保管。

各种账簿都应有专人负责保管，不能随便查阅账簿；如果需要查阅，应经过会计机构负责人审批。

（2）账簿的归档保管。

账簿更换时，应该将账簿装订成册，归档保管；装订成册时，明细分类账应该抽出空白页，补做一些遗漏的工作；业务内容过多，可以分为几册，内容不多的明细分类账可以几个账册装订在一起，但最好按照资产、负债、所有者权益等分别装订。

## 二、会计电算化系统会计账簿的启用和登记规则

1. 错账更正

在现行会计电算化系统中，除红字双销法、红字冲减法和补充登记法外，一般不用划线更正法。尽管当前显示器技术已经可以做到在屏幕上直接用“笔”进行划线更正，但这样做只是一个实现的形式问题，更主要的是数据存储。在现行会计电算化系统中，大多是采用磁性的存储介质（别的介质类似），划线更正法应该存储的主要内容包括被更正的文字或数值数据部分、划线的线条部分、签章的会计人员部分，这三部分在屏幕上显示时是显示在一起的，但在存储这三部分数据时却并不是“一个”完整意义的数据，即在读取数

据（包括文字或数值数据）、划线标识、会计人员标识时是涉及三部分的数据，且不说另设存储变量存储划线标识和会计人员标识，即使是在一个存储变量中划线部分、会计人员占有一定的标识（bit）位来进行标识，也不能像纸介质一样。只要将存储的数据进行部分更改，应用程序“照样”能够“正常”显示出来，但实际上结果是错误的。如果将划线部分的标识进行更改，系统进行显示时，结果“正常”显示为不是划线的“蓝”字数据。因此，在会计电算化系统中，当前较少采用划线更正法。

2. 账簿的更换和保管

在会计电算化系统中，账簿也是按年度更换会计账簿。

会计账簿的保管一般分为打印出来的纸介质的账簿数据以及存储在磁盘或光盘等介质的账簿数据，一般纸介质的账簿数据要注意保管的时间问题，因为不论是在纸介质上用墨粉打印的，还是打印时在纸介质上套打复印的，可能都不如墨水在纸介质上书写字迹的保管时间长。

另外，存储在磁盘或光盘等介质上的账簿数据，如果能够与应用程序一起保存最好，因为若干年后，能否找到原来的应用程序呢？在存储时要描述好相应的运行环境。另外，注意磁盘或光盘等介质的保存环境。

## 复习思考题

1. 会计账簿的分类包含哪些？
2. 会计电算化会计账簿的设置和登记包括哪些内容？
3. 日记账的设置和登记包括哪些内容？
4. 分类账的设置和登记包括哪些内容？
5. 手工会计核算的对账包括哪些内容？
6. 手工会计核算的结账包括哪些内容？
7. 会计电算化系统的对账和结账包括哪些内容？
8. 手工会计核算的账簿启用规则包括哪些内容？
9. 手工会计核算的登记规则包括哪些内容？
10. 手工会计核算的会计账簿的更换和保管包括哪些内容？
11. 会计电算化系统会计账簿的登记规则包括哪些内容？

## 练习题

### 一、单项选择题

1. 序时账簿又称为（　　）。

A. 备查账　　B. 分类账　　C. 日记账　　D. 活页式账簿

2. 分类账与账户分类联系在一起，（　　）级是总分类账。

A. 1　　B. 3　　C. 5　　D. 7

3. 两栏式普通日记账与记账凭证的关系是（　　）。

A. 是记账凭证的照搬

B. 与记账凭证没有关系

C. 等到结账时才与记账凭证有联系

D. 每个记账凭证只将借方发生登记到两栏式普通日记账

4. （　　）是多栏式普通日记账的特点。

A. 能够提供各级分类核算信息　　B. 一行是一个完整的会计分录

C. 不能提供借方发生额和贷方发生额　　D. 篇幅不宽

5. （　　）是会计电算化系统账簿设置的特点。

A. 一般不需要考虑账簿的设置问题

B. 没有总分类核算与明细分类核算的问题

C. 除账务处理子系统外，别的子系统不存在总分类核算与明细分类核算的问题

D. 总分类核算一般放在账务处理子系统中处理

## 二、多项选择题

1. (    ) 是按照会计账簿用途所进行的分类。

A. 序时账簿　　B. 备查账　　C. 科目汇总表　　D. 分类账

2. 日记账包括（    ）。

A. 普通日记账　　B. 特种日记账　　C. 总分类账　　D. 明细分类账

3. 登记账簿时，文字或数字一般是登记行高度（    ）。

A. 1/2　　B. 2/3　　C. 占整个高度　　D. 随意

4. (    ) 目的是便于检查错误，进行发生额的累计和余额的计算。

A. 过次页　　B. 此页空白　　C. 承前页　　D. 此行空白

5. 会计电算化系统的结账包括（    ）。

A. 月结　　B. 半月结　　C. 季　　D. 年结

## 三、错账更正

1. 假设某企业某月生产车间计提累计折旧 1 000 万元，填制记账凭证上的会计分录：

借：制造费用　　10 000 000

　贷：累计折旧　　10 000 000

并据此登记入账，但在登记入“制造费用”账簿时，数额登记为 100 000 000。

2. 假设某企业某月生产车间计提累计折旧 1 000 万元，填制记账凭证上的会计分录：

借：管理费用　　100 000

　贷：累计折旧　　100 000

并据此登记入账，账证相符。

3. 假设某企业某月生产车间计提累计折旧 1 000 万元，填制记账凭证上的会计分录：

借：制造费用　　100 000 000

　贷：累计折旧　　100 000 000

并据此登记入账，账证相符。

4. 假设某企业某月生产车间计提累计折旧 1 000 万元，填制记账凭证上的会计分录：

借：制造费用　　5 000 000

　贷：累计折旧　　5 000 000

并据此登记入账，账证相符。

# 第八章 账务处理程序

## 第一节 账务处理程序

### 一、账务处理程序

所谓账务处理程序，是指在已有的账务处理程序理论的基础上，从设置和选择会计账户起，运用一定的会计方法，经过描述所发生的经济业务，填制和审核记账凭证，登记账簿，编制财务会计报告，完成会计核算的过程。

账务处理程序是核算单位整个会计核算的全过程，经过社会实践和科学的提炼，账务处理程序已经具有科学性、系统性、完整性的特点，可以产生符合各种需要的会计信息，并为实现后续的会计职能提供有价值的依据。

### 二、账务处理程序的种类

因为不同核算单位的具体特点不同，核算单位希望运用的账务处理程序能够符合自身的特点以及手工核算的特点，因此，在会计实务中，现行账务处理程序有若干种类可供选择。尽管从基本的账务处理程序分化出了若干不同种类的账务处理程序，即不同的核算单位可以选择不同的账务处理程序，但各种不同的账务处理程序具有许多共同的特点。

各种不同的账务处理程序的主要差别在于登记总账的依据不同，因此，按照登记总账的依据的不同，可以将账务处理程序分为：记账凭证账务处理程序；科目汇总表账务处理程序；汇总记账凭证账务处理程序；日记总账账务处理程序；多栏式日记账账务处理程序等。

记账凭证账务处理程序是基本的账务处理程序，其他账务处理程序是考虑到核算单位的特点、手工账务处理的特点，从基本账务处理程序中分化出来的。

## 三、账务处理程序的意义

1. 账务处理程序是完成会计核算的具体过程

完成会计核算，需要具有科学的、系统的、完整的核算过程，这个核算过程就是账务处理程序，如果没有相应的完善的账务处理程序，会计核算过程是杂乱无章的，是没有规律可循的，是没有次序的。

2. 账务处理程序是得到可靠会计信息的保证

没有科学系统完整的账务处理程序，得到的会计信息的可靠性难以保证。因为如果账务处理程序没有经过科学的提炼，能否产生必要的会计信息，会计信息的质量会怎样，会计信息能否被有效利用等，都难以肯定。

3. 账务处理程序是实现会计目标的路标

账务处理程序通过描述所发生的经济业务，对经济业务信息进行进一步的加工处理，产生符合各种需要的会计信息，以满足各种会计信息需求者的需要；产生的会计信息能够为核算单位的生产经营等活动所利用，促进核算单位的全面发展，提高经济效益。

# 第二节　记账凭证账务处理程序

## 一、记账凭证账务处理程序的步骤

在账务处理程序中，记账凭证账务处理程序是基本的账务处理程序，从登记总账的依据来看，主要根据记账凭证直接登记总账。

从设置会计账簿来看，记账凭证账务处理程序一般要求设置现金日记账、银行存款日记账、总分类账、各种明细分类账等。

记账凭证账务处理程序的主要步骤：根据原始凭证（包括汇总原始凭证）编制记账凭证；根据收款凭证、付款凭证登记现金日记账和银行存款日记账；根据原始凭证和记账凭证登记明细分类账；根据记账凭证登记总分类账；对账；根据总分类账和明细分类账，编制财务会计报告。

因为记账凭证账务处理程序是依据记账凭证来登记总分类账的，对于业务量较多的核算单位来说，记账凭证的数量较多，登记总分类账的工作量较大。因此，记账凭证账务处理程序适用于经济业务量较少、单位较小的核算单位。

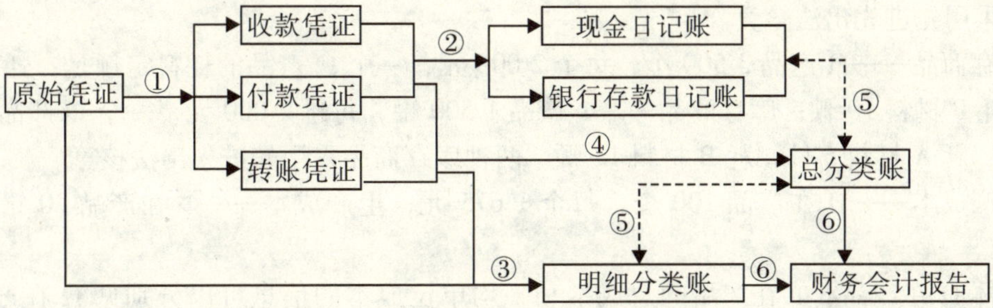


图 8－1 记账凭证账务处理程序步骤

## 二、记账凭证账务处理程序举例

［例 8－1］ 某核算单位 6 月份的期初余额如表 8－1 所示。

表 8－1 核算单位 6 月初的期初余额

| 资产 | 期初余额 | 负债及所有者权益 | 期初余额 |
|---|---|---|---|
| 库存现金 | 9 000 | 应付账款 | 2 000 000 |
| 银行存款 | 22 999 000 | ——P 单位 | 1 000 000 |
| 应收账款 | 3 000 000 | ——Q 单位 | 1 000 000 |
| ——K 单位 | 1 000 000 | 应付职工薪酬 | 0 |
| ——L 单位 | 2 000 000 | ——工资 | 0 |
| 坏账准备 | －9 000 | ——福利费 | 0 |
| 原材料 | 700 000 | | |
| ——A 材料 | 500 000 | | |
| ——B 材料 | 200 000 | 实收资本 | 50 000 000 |
| 生产成本 | 201 000 | ——X 投资者 | 30 000 000 |
| ——Ω 产品 | 167 500 | ——Y 投资者 | 20 000 000 |
| ——Φ 产品 | 33 500 | 资本公积 | 3 000 000 |
| 库存商品 | 10 000 000 | ——资本溢价 | 3 000 000 |
| ——Ω 产品 | 7 000 000 | 本年利润 | 6 000 000 |
| ——Φ 产品 | 3 000 000 | 盈余公积 | 6 000 000 |
| 固定资产 | 50 100 000 | ——法定盈余公积 | 3 000 000 |
| 累计折旧 | －20 000 000 | ——任意盈余公积 | 3 000 000 |
| 资产总计 | 67 000 000 | 负债及所有者权益总计 | 67 000 000 |

在表 8－1 中，A 材料 10 000 件，每件 50 元/件；B 材料 8 000 颗，每颗 25 元/颗。A、

B材料采用先进先出法核算。

库存商品——Ω产品3 500个，每个2 000元，一个Ω产品的耗料定额是：耗A材料6件，耗B材料10颗；库存商品——Φ产品1 500罐，每罐2 000元，一个Φ产品的耗料定额是：耗A材料5件，耗B材料12颗。两种库存商品采用先进先出法核算。

生产成本——Ω在产品100个，每个1 675元；生产成本——Φ在产品20罐，每罐1 675元。

具体Ω在产品、Φ在产品的总成本和平均单位成本的信息可以分别见Ω在产品、Φ在产品的期初在产品结存信息表。

**表8-2　期初在产品结存信息表**

| Ω产品 | 数量 | 成本项目 | 总成本 | 平均单位成本 |
| --- | --- | --- | --- | --- |
| 期初在产品 | 100 | 直接材料 | 55 000.00 | 550.00 |
| | | 直接人工 | 56 250.00 | 562.50 |
| | | 制造费用 | 56 250.00 | 562.50 |
| | | 合计 | 167 500.00 | 1 675.00 |

| Φ产品 | 数量 | 成本项目 | 总成本 | 平均单位成本 |
| --- | --- | --- | --- | --- |
| 期初在产品 | 20 | 直接材料 | 11 000.00 | 550.00 |
| | | 直接人工 | 11 250.00 | 562.50 |
| | | 制造费用 | 11 250.00 | 562.50 |
| | | 合计 | 33 500.00 | 1 675.00 |

该核算单位在6月份发生以下经济业务：

（1）核算单位将注册资本更改为6 000万元，Y投资者追加投资1 300万元，占投资份额的二分之一，核算单位收存银行；

（2）核算单位向P单位采购A材料15 000件，52元/件，发票账单已到，增值税率17%，材料尚未运到，价税款尚未支付；

（3）采购A材料已到，发生运输费1 000元，核算单位用银行存款支付，发生入库前的选材费1 684.99元，装卸费3 180元，杂费200元，经批准核算单位用库存现金支付，价税款仍未支付；

（4）采购的A材料验收入库；

（5）核算单位向R单位采购B材料500 000颗，26元/颗，发票账单已到，增值税率17%，核算单位用银行存款支付采购B材料的价税款；

（6）核算单位用银行存款支付采购B材料的运输费2 700元，装卸费1 388元，杂费100元；

（7）向 R 单位采购的 B 材料验收入库；

（8）核算单位用银行存款支付欠 P 单位的账款 190 万元；

（9）生产 Ω 产品领用 A 材料 18 000 件，B 材料 30 000 颗；

（10）生产 Φ 产品领用 A 材料 5 000 件，B 材料 12 000 颗；

（11）管理部门发生办公费 150 万元，核算单位用银行存款支付；

（12）管理部门发生业务招待费 100 万元，核算单位用银行存款支付；

（13）管理部门发生水电费 150 万元，核算单位用银行存款支付；

（14）管理部门发生会议费 100 万元，核算单位用银行存款支付；

（15）管理部门发生税费 20 万元，核算单位用银行存款支付；

（16）生产车间发生办公费 30 万元，核算单位用银行存款支付；

（17）计算工资 440 万元，其中生产 Ω 产品工人工资 190 万元，生产 Φ 产品工人工资 90 万元，车间管理人员工资 70 万元，管理部门人员工资 90 万元；

（18）按照 14% 计提福利费；

（19）用银行存款发放工资福利费；

（20）生产车间发生水电费 30 万元，核算单位用银行存款支付；

（21）生产车间发生维修费 20 万元，核算单位用银行存款支付；

（22）生产车间发生劳保费 177 529. 75 元，核算单位用银行存款支付；

（23）计提累计折旧 250 万元，其中生产车间 150 万元，管理部门 100 万元；

（24）分配制造费用，按照生产工人的工时在 Ω 产品和 Φ 产品中进行分配，Ω 产品和 Φ 产品分配的制造费用分别是 2 273 838. 69 元和 1 001 691. 06 元；

（25）生产 Ω 产品完工 3 025 个，经验收入库（直接材料 1 705 667. 61 元，直接人工 2 195 038. 78 元，制造费用 2 301 557. 00 元）；

（26）生产 Φ 产品完工 969 罐，经验收入库（直接材料 556 660. 19 元，直接人工 1 010 653. 85元，制造费用 986 968. 21 元）；

（27）应收 L 单位的 100 万元，因及时还款，享受现金折扣，价税优惠 2%；

（28）销售 Ω 产品 6 000 个，取得销售收入 2 280 万元，增值税率 17%，价税收存银行；

（29）结转销售 Ω 产品的成本；

（30）销售 Φ 产品 2 399 罐，取得销售收入 8 996 250 元，增值税率 17%，价税收存银行；

（31）结转销售 Φ 产品的成本；

（32）计算应交城市维护建设税 353 605. 25 元（应计教育费附加）；

（33）将损益类会计账户结转到本年利润；

（34）计算应交的所得税 1 675 261. 22 元，会计与税法没有差异；

（35）将所得税费用结转到本年利润。

第一步：根据原始凭证编制记账凭证；

1. 应该编制收款凭证

表 8-3 收款凭证

借方账户：银行存款 20××年6月1日 收字第01号

| 摘要 | 会计账户 | 贷方 | 过账 |
|---|---|---|---|
| Y投资者追加投资 | 实收资本——Y投资者 | 10 000 000.00 | |
| Y投资者追加投资 | 资本公积——资本溢价 | 3 000 000.00 | |
| | | | |
| | | | |
| | | | |
| 合计 | | 13 000 000.00 | |

填制：小雪 审核：小冬 记账：小山 出纳：大刀 会计主管：大日

2. 应该编制转账凭证

表 8-4 转账凭证

20××年6月5日 转字第01号

| 摘要 | 会计账户 | 借方 | 贷方 | 过账 |
|---|---|---|---|---|
| 采购A材料15 000件，52元/件 | 在途物资——A材料 | 780 000.00 | | |
| 采购A材料15 000件，52元/件 | 应交税费——应交增值税（进项税额） | 132 600.00 | | |
| 采购A材料15 000件，52元/件 | 应付账款——P单位 | | 912 600.00 | |
| | | | | |
| | | | | |
| 合计 | | 912 600.00 | 912 600.00 | |

填制：小雪 审核：小冬 记账：小山 出纳：大刀 会计主管：大日

3. 应该编制付款凭证

表 8-5 付款凭证

贷方账户：银行存款 20××年6月6日 付字第01号

| 摘要 | 会计账户 | 借方 | 过账 |
|---|---|---|---|
| 支付向P单位购买A材料运输费 | 在途物资——A材料 | 930.00 | |
| 支付向P单位购买A材料运输费 | 应交税费——应交增值税（进项税额） | 70.00 | |
| | | | |
| | | | |
| | | | |
| 合计 | | 1 000.00 | |

填制：小雪 审核：小冬 记账：小山 出纳：大刀 会计主管：大日

表 8-6　付款凭证

贷方账户：库存现金　　20××年6月6日　　付字第02号

| 摘要 | 会计账户 | 借方 | 过账 |
|---|---|---|---|
| 支付向P单位购买A材料运杂费 | 在途物资——A材料 | 5 064.99 | |
| | | | |
| | | | |
| | | | |
| | | | |
| 合　计 | | 5 064.99 | |

填制：小雪　审核：小冬　记账：小山　出纳：大刀　会计主管：大日

4. 应该编制转账凭证

表 8-7　转账凭证

20××年6月7日　　转字第02号

| 摘要 | 会计账户 | 借方 | 贷方 | 过账 |
|---|---|---|---|---|
| 向P单位采购A材料入库 | 原材料——A材料 | 785 994.99 | | |
| 向P单位采购A材料入库 | 在途物资——A材料 | | 785 994.99 | |
| | | | | |
| | | | | |
| | | | | |
| 合　计 | | 785 994.99 | 785 994.99 | |

填制：小雪　审核：小冬　记账：小山　出纳：大刀　会计主管：大日

5. 应该编制付款凭证

表 8-8　付款凭证

贷方账户：银行存款　　20××年6月10日　　付字第03号

| 摘要 | 会计账户 | 借方 | 过账 |
|---|---|---|---|
| 向R采购B材料50 000颗，26元/颗 | 在途物资——B材料 | 1 300 000.00 | |
| 向R采购B材料50 000颗，26元/颗 | 应交税费——应交增值税（进项税额） | 221 000.00 | |
| | | | |
| | | | |
| | | | |
| 合　计 | | 1 521 000.00 | |

填制：小雪　审核：小冬　记账：小山　出纳：大刀　会计主管：大日

6. 应该编制付款凭证

表 8－9 付款凭证

贷方账户：银行存款　　20××年6月11日　　付字第 04 号

| 摘要 | 会计账户 | 借方 | 过账 |
|---|---|---|---|
| 支付向 R 单位购买 B 材料运杂费 | 在途物资——B 材料 | 3 999.00 | |
| 支付向 R 单位购买 B 材料运输费 | 应交税费——应交增值税（进项税额） | 189.00 | |
| | | | |
| | | | |
| | | | |
| 合　计 | | 4 188.00 | |

填制：小雪　审核：小冬　记账：小山　出纳：大刀　会计主管：大日

7. 应该编制转账凭证

表 8－10 转账凭证

20××年6月12日　　转字第 03 号

| 摘要 | 会计账户 | 借方 | 贷方 | 过账 |
|---|---|---|---|---|
| 向 R 单位采购 B 材料入库 | 原材料——B 材料 | 1 303 999.00 | | |
| 向 R 单位采购 B 材料入库 | 在途物资——B 材料 | | 1 303 999.00 | |
| | | | | |
| | | | | |
| | | | | |
| 合　计 | | 1 303 999.00 | 1 303 999.00 | |

填制：小雪　审核：小冬　记账：小山　出纳：大刀　会计主管：大日

8. 应该编制付款凭证

表 8－11 付款凭证

贷方账户：银行存款　　20××年6月15日　　付字第 05 号

| 摘要 | 会计账户 | 借方 | 过账 |
|---|---|---|---|
| 支付前欠的购货价税款 | 应付账款——P 单位 | 1 900 000.00 | |
| | | | |
| | | | |
| | | | |
| | | | |
| 合　计 | | 1 900 000.00 | |

填制：小雪　审核：小冬　记账：小山　出纳：大刀　会计主管：大日

9. 应该编制转账凭证

**表 8－12　转账凭证**

20××年 6 月 20 日　　　　转字第 04 号

| 摘要 | 会计账户 | 借方 | 贷方 | 过账 |
|---|---|---|---|---|
| 领用 A 材料 18 000 件，B 材料 30 000 颗 | 生产成本——Ω 产品（直接材料） | 1 692 956.89 | | |
| 领用 A 材料 18 000 件，B 材料 30 000 颗 | 原材料——A 材料 | | 919 197.33 | |
| 领用 A 材料 18 000 件，B 材料 30 000 颗 | ——B 材料 | | 773 759.56 | |
| | | | | |
| | | | | |
| 合　　计 | | 1 692 956.89 | 1 692 956.89 | |

填制：小雪　　审核：小冬　　记账：小山　　出纳：大刀　　会计主管：大日

10. 应该编制转账凭证

**表 8－13　转账凭证**

20××年 6 月 25 日　　　　转字第 05 号

| 摘要 | 会计账户 | 借方 | 贷方 | 过账 |
|---|---|---|---|---|
| 领用 A 材料 5 000 件，B 材料 12 000 颗 | 生产成本——Φ 产品（直接材料） | 574 958.09 | | |
| 领用 A 材料 5 000 件，B 材料 12 000 颗 | 原材料——A 材料 | | 261 998.33 | |
| 领用 A 材料 5 000 件，B 材料 12 000 颗 | ——B 材料 | | 312 959.76 | |
| | | | | |
| | | | | |
| 合　　计 | | 574 958.09 | 574 958.09 | |

填制：小雪　　审核：小冬　　记账：小山　　出纳：大刀　　会计主管：大日

11. 应该编制付款凭证

**表 8－14　付款凭证**

贷方账户：银行存款　　20××年 6 月 30 日　　　　付字第 06 号

| 摘要 | 会计账户 | 借方 | 过账 |
|---|---|---|---|
| 支付管理部门办公费 | 管理费用（办公费） | 1 500 000.00 | |
| | | | |
| | | | |
| | | | |
| | | | |
| 合　　计 | | 1 500 000.00 | |

填制：小雪　　审核：小冬　　记账：小山　　出纳：大刀　　会计主管：大日

12. 应该编制付款凭证

表 8－15　付款凭证

贷方账户：银行存款　　20××年6月30日　　付字第07号

| 摘要 | 会计账户 | 借方 | 过账 |
|---|---|---|---|
| 支付管理部门业务招待费 | 管理费用（业务招待费） | 1 000 000.00 | |
| | | | |
| | | | |
| | | | |
| 合　　计 | | 1 000 000.00 | |

填制：小雪　审核：小冬　记账：小山　出纳：大刀　会计主管：大日

13. 应该编制付款凭证

表 8－16　付款凭证

贷方账户：银行存款　　20××年6月30日　　付字第08号

| 摘要 | 会计账户 | 借方 | 过账 |
|---|---|---|---|
| 支付管理部门水电费 | 管理费用（水电费） | 1 500 000.00 | |
| | | | |
| | | | |
| | | | |
| 合　　计 | | 1 500 000.00 | |

填制：小雪　审核：小冬　记账：小山　出纳：大刀　会计主管：大日

14. 应该编制付款凭证

表 8－17　付款凭证

贷方账户：银行存款　　20××年6月30日　　付字第09号

| 摘要 | 会计账户 | 借方 | 过账 |
|---|---|---|---|
| 支付会议费 | 管理费用（会议费） | 1 000 000.00 | |
| | | | |
| | | | |
| | | | |
| 合　　计 | | 1 000 000.00 | |

填制：小雪　审核：小冬　记账：小山　出纳：大刀　会计主管：大日

15. 应该编制付款凭证

表 8－18　付款凭证

贷方账户：银行存款　　　　20××年6月30日　　　　付字第10号

| 摘要 | 会计账户 | 借方 | 过账 |
| --- | --- | --- | --- |
| 支付管理部门税费 | 管理费用（税费） | 200 000.00 | |
| | | | |
| | | | |
| | | | |
| | | | |
| 合　　计 | | 200 000.00 | |

填制：小雪　审核：小冬　记账：小山　出纳：大刀　会计主管：大日

16. 应该编制付款凭证

表 8－19　付款凭证

贷方账户：银行存款　　　　20××年6月30日　　　　付字第11号

| 摘要 | 会计账户 | 借方 | 过账 |
| --- | --- | --- | --- |
| 支付生产车间办公费 | 制造费用（办公费） | 300 000.00 | |
| | | | |
| | | | |
| | | | |
| | | | |
| 合　　计 | | 300 000.00 | |

填制：小雪　审核：小冬　记账：小山　出纳：大刀　会计主管：大日

17. 应该编制转账凭证

表 8－20　转账凭证

20××年6月30日　　　　转字第06号

| 摘要 | 会计账户 | 借方 | 贷方 | 过账 |
| --- | --- | --- | --- | --- |
| 计算工资 | 生产成本——Ω产品（直接人工） | 1 900 000.00 | | |
| 计算工资 | ——Φ产品（直接人工） | 900 000.00 | | |
| 计算工资 | 制造费用（工资） | 700 000.00 | | |
| 计算工资 | 管理费用（工资） | 900 000.00 | | |
| 计算工资 | 应付职工薪酬——工资 | | 4 400 000.00 | |
| 合　　计 | | 4 400 000.00 | 4 400 000.00 | |

填制：小雪　审核：小冬　记账：小山　出纳：大刀　会计主管：大日

18. 应该编制转账凭证

**表 8-21 转账凭证**

20××年6月30日　　　　转字第 07 号

| 摘要 | 会计账户 | 借方 | 贷方 | 过账 |
|---|---|---|---|---|
| 计提职工福利费 | 生产成本——Ω产品（直接人工） | 266 000.00 | | |
| 计提职工福利费 | ——Φ产品（直接人工） | 126 000.00 | | |
| 计提职工福利费 | 制造费用（福利费） | 98 000.00 | | |
| 计提职工福利费 | 管理费用（福利费） | 126 000.00 | | |
| 计提职工福利费 | 应付职工薪酬——福利费 | | 616 000.00 | |
| 合　　计 | | 616 000.00 | 616 000.00 | |

填制：小雪　审核：小冬　记账：小山　会计主管：大日

19. 应该编制付款凭证

**表 8-22 付款凭证**

贷方账户：银行存款　　20××年6月30日　　付字第 12 号

| 摘要 | 会计账户 | 借方 | 过账 |
|---|---|---|---|
| 支付工资 | 应付职工薪酬——工资 | 4 400 000.00 | |
| 支付福利费 | ——福利费 | 616 000.00 | |
| | | | |
| | | | |
| | | | |
| 合　　计 | | 5 016 000.00 | |

填制：小雪　审核：小冬　记账：小山　出纳：大刀　会计主管：大日

20. 应该编制付款凭证

**表 8-23 付款凭证**

贷方账户：银行存款　　20××年6月30日　　付字第 13 号

| 摘要 | 会计账户 | 借方 | 过账 |
|---|---|---|---|
| 支付生产车间水电费 | 制造费用（水电费） | 300 000.00 | |
| | | | |
| | | | |
| | | | |
| | | | |
| 合　　计 | | 300 000.00 | |

填制：小雪　审核：小冬　记账：小山　出纳：大刀　会计主管：大日

21. 应该编制付款凭证

表 8－24　付款凭证

贷方账户：银行存款　　　　20××年 6 月 30 日　　　　付字第 14 号

| 摘要 | 会计账户 | 借方 | 过账 |
|---|---|---|---|
| 支付生产车间维修费 | 制造费用（维修费） | 200 000.00 | |
| | | | |
| | | | |
| | | | |
| | | | |
| 合　　计 | | 200 000.00 | |

填制：小雪　审核：小冬　记账：小山　出纳：大刀　会计主管：大日

22. 应该编制付款凭证

表 8－25　付款凭证

贷方账户：银行存款　　　　20××年 6 月 30 日　　　　付字第 15 号

| 摘要 | 会计账户 | 借方 | 过账 |
|---|---|---|---|
| 支付生产车间劳保费 | 制造费用（劳保费） | 177 529.75 | |
| | | | |
| | | | |
| | | | |
| | | | |
| 合　　计 | | 177 529.75 | |

填制：小雪　审核：小冬　记账：小山　出纳：大刀　会计主管：大日

23. 应该编制转账凭证

表 8－26　转账凭证

20××年 6 月 30 日　　　　转字第 08 号

| 摘要 | 会计账户 | 借方 | 贷方 | 过账 |
|---|---|---|---|---|
| 计提折旧 | 制造费用（折旧费） | 1 500 000.00 | | |
| 计提折旧 | 管理费用（折旧费） | 1 000 000.00 | | |
| 计提折旧 | 累计折旧 | | 2 500 000.00 | |
| | | | | |
| | | | | |
| 合　　计 | | 2 500 000.00 | 2 500 000.00 | |

填制：小雪　审核：小冬　记账：小山　出纳：大刀　会计主管：大日

24. 应该编制转账凭证（编制“制造费用分配表”（略））

表 8－27 转账凭证

20××年6月30日 转字第09号

| 摘要 | 会计账户 | 借方 | 贷方 | 过账 |
|---|---|---|---|---|
| 分配制造费用 | 生产成本——Ω产品（制造费用） | 2 273 838.69 | | |
| 分配制造费用 | ——Φ产品（制造费用） | 1 001 691.06 | | |
| 分配制造费用 | 制造费用 | | 3 275 529.75 | |
| | | | | |
| | | | | |
| 合 计 | | 3 275 529.75 | 3 275 529.75 | |

填制：小雪 审核：小冬 记账：小山 出纳：大刀 会计主管：大日

25. 应该编制转账凭证

表 8－28 转账凭证

20××年6月30日 转字第10号

| 摘要 | 会计账户 | 借方 | 贷方 | 过账 |
|---|---|---|---|---|
| Ω产品完工3025个入库 | 库存商品——Ω产品 | 6 202 263.39 | | |
| Ω产品完工3025个入库 | 生产成本——Ω产品（直接材料） | | 1 705 667.61 | |
| Ω产品完工3025个入库 | ——Ω产品（直接人工） | | 2 195 038.78 | |
| Ω产品完工3025个入库 | ——Ω产品（制造费用） | | 2 301 557.00 | |
| | | | | |
| 合 计 | | 6 202 263.39 | 6 202 263.39 | |

填制：小雪 审核：小冬 记账：小山 出纳：大刀 会计主管：大日

26. 应该编制转账凭证

表 8－29 转账凭证

20××年6月30日 转字第11号

| 摘要 | 会计账户 | 借方 | 贷方 | 过账 |
|---|---|---|---|---|
| Φ产品完工969罐入库 | 库存商品——Φ产品 | 2 554 282.25 | | |
| Φ产品完工969罐入库 | 生产成本——Φ产品（直接材料） | | 556 660.19 | |
| Φ产品完工969罐入库 | ——Φ产品（直接人工） | | 1 010 653.85 | |
| Φ产品完工969罐入库 | ——Φ产品（制造费用） | | 986 968.21 | |
| | | | | |
| 合 计 | | 2 554 282.25 | 2 554 282.25 | |

填制：小雪 审核：小冬 记账：小山 出纳：大刀 会计主管：大日

27. 应该编制收款凭证和转账凭证

表 8－30　收款凭证

借方账户：银行存款　　20××年6月30日　　收字第02号

| 摘要 | 会计账户 | 贷方 | 过账 |
|---|---|---|---|
| 收到L单位前欠价税款 | 应收账款——L单位 | 980 000.00 | |
| | | | |
| | | | |
| | | | |
| | | | |
| 合　　计 | | 980 000.00 | |

填制：小雪　审核：小冬　记账：小山　出纳：大刀　会计主管：大日

表 8－31　转账凭证

20××年6月30日　　转字第12号

| 摘要 | 会计账户 | 借方 | 贷方 | 过账 |
|---|---|---|---|---|
| 收到L单位价税款的2%优惠 | 财务费用——现金折扣 | 20 000.00 | | |
| 收到L单位价税款的2%优惠 | 应收账款——L单位 | | 20 000.00 | |
| | | | | |
| | | | | |
| | | | | |
| 合　　计 | | 20 000.00 | 20 000.00 | |

填制：小雪　审核：小冬　记账：小山　出纳：大刀　会计主管：大日

28. 应该编制收款凭证

表 8－32　收款凭证

借方账户：银行存款　　20××年6月30日　　收字第03号

| 摘要 | 会计账户 | 贷方 | 过账 |
|---|---|---|---|
| 收到销售Ω产品6 000个价款 | 主营业务收入——Ω产品 | 22 800 000.00 | |
| 收到销售Ω产品6 000个税款 | 应交税费——应交增值税（销项税额） | 3 876 000.00 | |
| | | | |
| | | | |
| | | | |
| 合　　计 | | 26 676 000.00 | |

填制：小雪　审核：小冬　记账：小山　出纳：大刀　会计主管：大日

29. 应该编制转账凭证

表 8－33　转账凭证

20××年6月30日　　　　转字第13号

| 摘要 | 会计账户 | 借方 | 贷方 | 过账 |
|---|---|---|---|---|
| 结转销售销售Ω产品6 000个的成本 | 主营业务成本——Ω产品 | 12 125 837.51 | | |
| 结转销售销售Ω产品6 000个的成本 | 库存商品——Ω产品 | | 12 125 837.51 | |
| | | | | |
| | | | | |
| | | | | |
| 合　　计 | | 12 125 837.51 | 12 125 837.51 | |

填制：小雪　　审核：小冬　　记账：小山　　出纳：大刀　　会计主管：大日

30. 应该编制收款凭证

表 8－34　收款凭证

借方账户：银行存款　　20××年6月30日　　收字第04号

| 摘要 | 会计账户 | 贷方 | 过账 |
|---|---|---|---|
| 收到销售Φ产品2 399罐价款 | 主营业务收入——Φ产品 | 8 996 250.00 | |
| 收到销售Φ产品2 399罐税款 | 应交税费——应交增值税（销项税额） | 1 529 362.50 | |
| | | | |
| | | | |
| | | | |
| 合　　计 | | 10 525 612.50 | |

填制：小雪　　审核：小冬　　记账：小山　　出纳：大刀　　会计主管：大日

31. 应该编制转账凭证

表 8－35　转账凭证

20××年6月30日　　　　转字第14号

| 摘要 | 会计账户 | 借方 | 贷方 | 过账 |
|---|---|---|---|---|
| 结转销售销售Φ产品2 399罐的成本 | 主营业务成本——Φ产品 | 5 369 762.37 | | |
| 结转销售销售Φ产品2 399罐的成本 | 库存商品——Φ产品 | | 5 369 762.37 | |
| | | | | |
| | | | | |
| | | | | |
| 合　　计 | | 5 369 762.37 | 5 369 762.37 | |

填制：小雪　　审核：小冬　　记账：小山　　出纳：大刀　　会计主管：大日

32. 应该编制转账凭证

表 8－36 转账凭证

20××年6月30日 转字第15号

| 摘要 | 会计账户 | 借方 | 贷方 | 过账 |
|---|---|---|---|---|
| 应交城市维护建设税 | 营业税金及附加 | 353 605.25 | | |
| 应交城市维护建设税 | 应交税费——应交城市维护建设税 | | 353 605.25 | |
| | | | | |
| | | | | |
| | | | | |
| 合计 | | 353 605.25 | 353 605.25 | |

填制：小雪 审核：小冬 记账：小山 出纳：大刀 会计主管：大日

33. 应该编制转账凭证

表 8－37 转账凭证

20××年6月30日 转字第16号

| 摘要 | 会计账户 | 借方 | 贷方 | 过账 |
|---|---|---|---|---|
| 结转损益类账户 | 主营业务收入——Ω产品 | 22 800 000.00 | | |
| 结转损益类账户 | ——Φ产品 | 8 996 250.00 | | |
| 结转损益类账户 | 本年利润 | | 31 796 250.00 | |
| | | | | |
| | | | | |
| 合计 | | 31 796 250.00 | 31 796 250.00 | |

填制：小雪 审核：小冬 记账：小山 出纳：大刀 会计主管：大日

表 8－38 转账凭证

20××年6月30日 转字第17 $\frac{1}{2}$ 号

| 摘要 | 会计账户 | 借方 | 贷方 | 过账 |
|---|---|---|---|---|
| 结转损益类账户 | 本年利润 | 25 095 205.13 | | |
| 结转损益类账户 | 主营业务成本——Ω产品 | | 12 125 837.51 | |
| 结转损益类账户 | ——Φ产品 | | 5 369 762.37 | |
| 结转损益类账户 | 管理费用 | | 7 226 000.00 | |
| 结转损益类账户 | 财务费用 | | 20 000.00 | |
| 合计 | | | | |

填制：小雪 审核：小冬 记账：小山 出纳：大刀 会计主管：大日

表 8－39　转账凭证

20××年6月30日　　　　转字第 17 $\frac{2}{2}$ 号

| 摘要 | 会计账户 | 借方 | 贷方 | 过账 |
|---|---|---|---|---|
| 结转损益类账户 | 营业税金及附加 | | 353 605.25 | |
| | | | | |
| | | | | |
| | | | | |
| | | | | |
| 合　　计 | | 25 095 205.13 | 25 095 205.13 | |

填制：小雪　审核：小冬　记账：小山　出纳：大刀　会计主管：大日

34. 应该编制转账凭证

表 8－40　转账凭证

20××年6月30日　　　　转字第 18 号

| 摘要 | 会计账户 | 借方 | 贷方 | 过账 |
|---|---|---|---|---|
| 所得税费用 | 所得税费用 | 1 675 261.22 | | |
| 计算应交所得税 | 应交税费——应交所得税 | | 1 675 261.22 | |
| | | | | |
| | | | | |
| | | | | |
| 合　　计 | | 1 675 261.22 | 1 675 261.22 | |

填制：小雪　审核：小冬　记账：小山　出纳：大刀　会计主管：大日

35. 应该编制转账凭证

表 8－41　转账凭证

20××年6月30日　　　　转字第 19 号

| 摘要 | 会计账户 | 借方 | 贷方 | 过账 |
|---|---|---|---|---|
| 结转所得税费用 | 本年利润 | 1 675 261.22 | | |
| 结转所得税费用 | 所得税费用 | | 1 675 261.22 | |
| | | | | |
| | | | | |
| | | | | |
| 合　　计 | | 1 675 261.22 | 1 675 261.22 | |

填制：小雪　审核：小冬　记账：小山　出纳：大刀　会计主管：大日

第二步：根据收款凭证、付款凭证登记现金日记账和银行存款日记账；

表 8－42　现金日记账

| 20××年 | | 凭证字号 | 摘要 | 对应账户 | 收入（借方） | 支出（贷方） | 结余（余额） |
|---|---|---|---|---|---|---|---|
| 月 | 日 | | | | | | |
| | | | …… | | | | |
| 6 | 6 | 付 02 | 支付向 P 单位购买 A 材料运杂费 | 在途物资 | | 5 064.99 | 3 935.01 |
| 6 | 6 | | 本日合计 | | | 5 064.99 | 3 935.01 |
| | | | …… | | | | |
| | | | | | | | |
| | | | | | | | |
| | | | | | | | |

表 8－43　银行存款日记账

| 20××年 | | 凭证字号 | 摘要 | 结算凭证 | 对应账户 | 收入（借方） | 支出（贷方） | 结余（余额） |
|---|---|---|---|---|---|---|---|---|
| 月 | 日 | | | | | | | |
| | | | …… | | | | | |
| 6 | 1 | 收 01 | Y 投资者追加投资 | 汇 01 | 实收资本<br>资本公积 | 13 000 000.00 | | 35 999 000.00 |
| 6 | 1 | | 本日合计 | | | 13 000 000.00 | | 35 999 000.00 |
| 6 | 6 | 付 01 | 支付向 P 单位购买 A 材料运输费 | 转 01 | 在途物资<br>应交税费 | | 1 000.00 | 35 998 000.00 |
| 6 | 6 | | 本日合计 | | | | 1 000.00 | 35 998 000.00 |
| 6 | 10 | 付 03 | 向 R 采购 B 材料 5000 颗，26 元/颗 | 汇 02 | 在途物资<br>应交税费 | | 1 521 000.00 | 34 477 000.00 |
| 6 | 10 | | 本日合计 | | | | 1 521 000.00 | 34 477 000.00 |
| 6 | 11 | 付 04 | 支付向 R 单位购买 B 材料运杂费 | 汇 03 | 在途物资<br>应交税费 | | 4 188.00 | 34 472 812.00 |
| 6 | 11 | | 本日合计 | | | | 4 188.00 | 34 472 812.00 |
| 6 | 15 | 付 05 | 支付欠 P 价税款 | 汇 04 | 应付账款 | | 1 900 000.00 | 32 572 812.00 |
| 6 | 15 | | 本日合计 | | | | 1 900 000.00 | 32 572 812.00 |
| 6 | 30 | 付 06 | 支付管理部门办公费 | 转 02 | 管理费用 | | 1 500 000.00 | 31 072 812.00 |
| 6 | 30 | 付 07 | 支付业务招待费 | 转 03 | 管理费用 | | 1 000 000.00 | 30 072 812.00 |

（续上表）

| 20××年 | | 凭证字号 | 摘要 | 结算凭证 | 对应账户 | 收入（借方） | 支出（贷方） | 结余（余额） |
|---|---|---|---|---|---|---|---|---|
| 月 | 日 | | | | | | | |
| 6 | 30 | 付08 | 支付管理部门水电费 | 付01 | 管理费用 | | 1 500 000.00 | 28 572 812.00 |
| 6 | 30 | 付09 | 支付会议费 | 转04 | 管理费用 | | 1 000 000.00 | 27 572 812.00 |
| 6 | 30 | 付10 | 支付税费 | 转05 | 管理费用 | | 200 000.00 | 27 372 812.00 |
| 6 | 30 | 付11 | 支付车间办公费 | 转06 | 制造费用 | | 300 000.00 | 27 072 812.00 |
| 6 | 30 | 付12 | 支付工资福利费 | 付02 | 应付职工薪酬 | | 5 016 000.00 | 22 056 812.00 |
| 6 | 30 | 付13 | 支付车间水电费 | 付03 | 制造费用 | | 300 000.00 | 21 756 812.00 |
| 6 | 30 | 付14 | 支付车间维修费 | 转07 | 制造费用 | | 200 000.00 | 21 556 812.00 |
| 6 | 30 | 付15 | 支付车间劳保费 | 转08 | 制造费用 | | 177 529.75 | 21 379 282.25 |
| 6 | 30 | 收02 | 收到L单位前欠价税款 | 汇05 | 应收账款 | 980 000.00 | | 22 359 282.25 |
| 6 | 30 | 收03 | 销售Ω产品价税款 | 转09 | 主营业务收入应交税费 | 26 676 000.00 | | 49 035 282.25 |
| 6 | 30 | 收04 | 销售Φ产品价税款 | 转10 | 主营业务收入应交税费 | 10 525 612.50 | | 59 560 894.75 |
| 6 | 30 | | 本日合计 | | | 38 181 612.50 | 11 193 529.75 | 59 560 894.75 |
| | | | …… | | | | | |
| | | | | | | | | |
| | | | | | | | | |
| | | | | | | | | |
| | | | | | | | | |
| | | | | | | | | |
| | | | | | | | | |

第三步：根据原始凭证和记账凭证登记明细分类账；

**表 8－44　应收账款——K 单位　明细分类账**

页码：×

| 20××年 | | 凭证字号 | 摘要 | 借方 | 贷方 | 借或贷 | 余额 |
|---|---|---|---|---|---|---|---|
| 月 | 日 | | | | | | |
| | | | …… | | | | |
| 5 | 31 | | 本月合计 | ××× | ××× | 借 | 1 000 000.00 |
| | | | | | | | |
| | | | | | | | |
| | | | | | | | |
| | | | | | | | |
| | | | | | | | |

**表 8－45　应收账款——L 单位　明细分类账**

页码：×

| 20××年 | | 凭证字号 | 摘要 | 借方 | 贷方 | 借或贷 | 余额 |
|---|---|---|---|---|---|---|---|
| 月 | 日 | | | | | | |
| | | | …… | | | | |
| 5 | 31 | | 本月合计 | ××× | ××× | 借 | 2 000 000.00 |
| 6 | 30 | 收 02 | 收到 L 单位前欠价税款 | | 980 000.00 | 借 | 1 020 000.00 |
| 6 | 30 | 转 12 | 收到 L 单位价税款优惠 2% | | 20 000.00 | 借 | 1 000 000.00 |
| | | | | | | | |
| | | | | | | | |
| | | | | | | | |

**表 8－46　应付账款——P 单位　明细分类账**

页码：×

| 20××年 | | 凭证字号 | 摘要 | 借方 | 贷方 | 借或贷 | 余额 |
|---|---|---|---|---|---|---|---|
| 月 | 日 | | | | | | |
| | | | …… | | | | |
| 5 | 31 | | 本月合计 | ××× | ××× | 贷 | 1 000 000.00 |
| 6 | 05 | 转 01 | 采购 A 材料 15 000 件，52 元/件 | | 912 600.00 | 贷 | 1 912 600.00 |
| 6 | 15 | 付 05 | 支付前欠的购货价税款 | 1 900 000.00 | | 贷 | 12 600.00 |
| 6 | 30 | | 本月合计 | 1 900 000.00 | 912 600.00 | 贷 | 12 600.00 |
| | | | | | | | |
| | | | | | | | |

表 8－47　应付账款——Q 单位　明细分类账

页码：×

| 20××年 | | 凭证字号 | 摘要 | 借方 | 贷方 | 借或贷 | 余额 |
|---|---|---|---|---|---|---|---|
| 月 | 日 | | | | | | |
| | | | …… | | | | |
| 5 | 31 | | 本月合计 | ××× | ××× | 贷 | 1 000 000.00 |
| | | | | | | | |
| | | | | | | | |
| | | | | | | | |
| | | | | | | | |

表 8－48　实收资本——X 投资者　明细分类账

页码：×

| 20××年 | | 凭证字号 | 摘要 | 借方 | 贷方 | 借或贷 | 余额 |
|---|---|---|---|---|---|---|---|
| 月 | 日 | | | | | | |
| | | | 上年结转 | | | | |
| 1 | 1 | | 年初余额 | | | 贷 | 30 000 000.00 |
| | | | | | | | |
| | | | | | | | |
| | | | | | | | |
| | | | | | | | |

表 8－49　实收资本——Y 投资者　明细分类账

页码：×

| 20××年 | | 凭证字号 | 摘要 | 借方 | 贷方 | 借或贷 | 余额 |
|---|---|---|---|---|---|---|---|
| 月 | 日 | | | | | | |
| | | | 上年结转 | | | | |
| 1 | 1 | | 年初余额 | | | 贷 | 20 000 000.00 |
| 6 | 1 | 收 01 | Y 投资者追加投资 | | 10 000 000.00 | 贷 | 30 000 000.00 |
| 6 | 30 | | 本月合计 | | 10 000 000.00 | 贷 | 30 000 000.00 |
| | | | | | | | |
| | | | | | | | |
| | | | | | | | |

**表 8－50　资本公积——资本溢价　明细分类账**

页码：×

| 20××年 | | 凭证字号 | 摘要 | 借方 | 贷方 | 借或贷 | 余额 |
|---|---|---|---|---|---|---|---|
| 月 | 日 | | | | | | |
| | | | 上年结转 | | | | |
| 1 | 1 | | 年初余额 | | | 贷 | 3 000 000.00 |
| 6 | 1 | 收01 | Y投资者追加投资 | | 3 000 000.00 | 贷 | 6 000 000.00 |
| 6 | 30 | | 本月合计 | | 3 000 000.00 | 贷 | 6 000 000.00 |
| | | | | | | | |
| | | | | | | | |
| | | | | | | | |

**表 8－51　盈余公积——法定盈余公积　明细分类账**

页码：×

| 20××年 | | 凭证字号 | 摘要 | 借方 | 贷方 | 借或贷 | 余额 |
|---|---|---|---|---|---|---|---|
| 月 | 日 | | | | | | |
| | | | 上年结转 | | | | |
| 1 | 1 | | 年初余额 | | | 贷 | 3 000 000.00 |
| | | | | | | | |
| | | | | | | | |
| | | | | | | | |
| | | | | | | | |
| | | | | | | | |

**表 8－52　盈余公积——任意盈余公积　明细分类账**

页码：×

| 20××年 | | 凭证字号 | 摘要 | 借方 | 贷方 | 借或贷 | 余额 |
|---|---|---|---|---|---|---|---|
| 月 | 日 | | | | | | |
| | | | 上年结转 | | | | |
| 1 | 1 | | 年初余额 | | | 贷 | 3 000 000.00 |
| | | | | | | | |
| | | | | | | | |
| | | | | | | | |
| | | | | | | | |
| | | | | | | | |

表 8－53　应付职工薪酬——工资　明细分类账

页码：×

| 20××年 | | 凭证字号 | 摘要 | 借方 | 贷方 | 借或贷 | 余额 |
|---|---|---|---|---|---|---|---|
| 月 | 日 | | | | | | |
| | | | …… | | | | |
| 5 | 31 | | 本月合计 | ××× | ××× | 平 | 0 |
| 6 | 30 | 转 06 | 计算工资 | | 4 400 000.00 | 贷 | 4 400 000.00 |
| 6 | 30 | 付 12 | 支付工资 | 4 400 000.00 | | 平 | 0 |
| 6 | 30 | | 本月合计 | 4 400 000.00 | 4 400 000.00 | 平 | 0 |
| | | | | | | | |
| | | | | | | | |

表 8－54　应付职工薪酬——福利费　明细分类账

页码：×

| 20××年 | | 凭证字号 | 摘要 | 借方 | 贷方 | 借或贷 | 余额 |
|---|---|---|---|---|---|---|---|
| 月 | 日 | | | | | | |
| | | | …… | | | | |
| 5 | 31 | | 本月合计 | ××× | ××× | 平 | 0 |
| 6 | 30 | 转 07 | 计提职工福利费 | | 616 000.00 | 贷 | 616 000.00 |
| 6 | 30 | 付 12 | 支付福利费 | 616 000.00 | | 平 | 0 |
| 6 | 30 | | 本月合计 | 616 000.00 | 616 000.00 | 平 | 0 |
| | | | | | | | |
| | | | | | | | |

表 8－55　管理费用　明细分类账

页码：×

| 20××年 | | 凭证字号 | 摘要 | 借方 | | | | | | | | 贷方 | 借或贷 | 余额 |
|---|---|---|---|---|---|---|---|---|---|---|---|---|---|---|
| 月 | 日 | | | 办公费 | 业务招待费 | 水电费 | 会议费 | 税费 | 工资 | 福利费 | 折旧费 | | | |
| | | | …… | | | | | | | | | | | |
| 6 | 30 | 付06 | 支付管理部门办公费 | 1 500 000.00 | | | | | | | | | 借 | 1 500 000.00 |
| 6 | 30 | 付07 | 支付业务招待费 | | 1 000 000.00 | | | | | | | | 借 | 2 500 000.00 |
| 6 | 30 | 付08 | 支付管理部门水电费 | | | 1 500 000.00 | | | | | | | 借 | 4 000 000.00 |
| 6 | 30 | 付09 | 支付会议费 | | | | 1 000 000.00 | | | | | | 借 | 5 000 000.00 |
| 6 | 30 | 付10 | 支付税费 | | | | | 200 000.00 | | | | | 借 | 5 200 000.00 |
| 6 | 30 | 转06 | 计算工资 | | | | | | 900 000.00 | | | | 借 | 6 100 000.00 |
| 6 | 30 | 转07 | 计提职工福利费 | | | | | | | 126 000.00 | | | 借 | 6 226 000.00 |
| 6 | 30 | 转08 | 计提折旧 | | | | | | | | 1 000 000.00 | | 借 | 7 226 000.00 |
| 6 | 30 | 转17 | 结转损益类账户 | | | | | | | | | 7 226 000.00 | 平 | 0 |
| 6 | 30 | | 本月合计 | 1 500 000.00 | 1 000 000.00 | 1 500 000.00 | 1 000 000.00 | 200 000.00 | 900 000.00 | 126 000.00 | 1 000 000.00 | 7 226 000.00 | 平 | 0 |
| | | | | | | | | | | | | | | |
| | | | | | | | | | | | | | | |
| | | | | | | | | | | | | | | |
| | | | | | | | | | | | | | | |
| | | | | | | | | | | | | | | |
| | | | | | | | | | | | | | | |
| | | | | | | | | | | | | | | |
| | | | | | | | | | | | | | | |
| | | | | | | | | | | | | | | |

表 8－56　制造费用 明细分类账

页码：×

| 20××年 | | 凭证字号 | 摘要 | 借方 | | | | | | | | 贷方 | 借或贷 | 余额 |
|---|---|---|---|---|---|---|---|---|---|---|---|---|---|---|
| 月 | 日 | | | 办公费 | 工资 | 福利费 | 水电费 | 维修费 | 劳保资 | 折旧费 | 合计 | | | |
| | | | …… | | | | | | | | | | | |
| 5 | 31 | | 本月合计 | ××× | ××× | ××× | ××× | ××× | ××× | ××× | ××× | ××× | 平 | 0 |
| 6 | 30 | 付 11 | 支付生产车间办公费 | 300 000.00 | | | | | | | 300 000.00 | | 借 | 300 000.00 |
| 6 | 30 | 转 06 | 计算工资 | | 700 000.00 | | | | | | 700 000.00 | | 借 | 1 000 000.00 |
| 6 | 30 | 转 07 | 计提职工福利费 | | | 98 000.00 | | | | | 98 000.00 | | 借 | 1 098 000.00 |
| 6 | 30 | 付 13 | 支付生产车间水电费 | | | | 300 000.00 | | | | 300 000.00 | | 借 | 1 398 000.00 |
| 6 | 30 | 付 14 | 支付生产车间维修费 | | | | | 200 000.00 | | | 200 000.00 | | 借 | 1 598 000.00 |
| 6 | 30 | 付 15 | 支付生产车间劳保费 | | | | | | 177 529.75 | | 177 529.75 | | 借 | 1 775 529.75 |
| 6 | 30 | 转 08 | 计提折旧 | | | | | | | 1 500 000.00 | 1 500 000.00 | | 借 | 3 275 529.75 |
| 6 | 30 | 转 09 | 分配制造费用 | | | | | | | | | 3 275 529.75 | 平 | 0 |
| 6 | 30 | | 本月合计 | 300 000.00 | 700 000.00 | 98 000.00 | 300 000.00 | 200 000.00 | 177 529.75 | 1 500 000.00 | 3 275 529.75 | 3 275 529.75 | 平 | 0 |
| | | | | | | | | | | | | | | |
| | | | | | | | | | | | | | | |
| | | | | | | | | | | | | | | |
| | | | | | | | | | | | | | | |
| | | | | | | | | | | | | | | |
| | | | | | | | | | | | | | | |
| | | | | | | | | | | | | | | |
| | | | | | | | | | | | | | | |

表 8－57 原材料——A 材料 明细分类账

页码：×

| 20××年 | | 凭证 | 摘要 | 收入 | | | 发出 | | | 结存 | | |
|---|---|---|---|---|---|---|---|---|---|---|---|---|
| 月 | 日 | 字号 | | 数量 | 单价 | 金额 | 数量 | 单价 | 金额 | 数量 | 单价 | 金额 |
| | | | …… | | | | | | | | | |
| | | | ××× | | | | | | | 10 000 | 50 | 500 000.00 |
| 5 | 31 | | 本月合计 | ××× | ××× | ××× | ××× | ××× | ××× | 10 000 | 50 | 500 000.00 |
| 6 | 7 | 转 02 | 向 P 单位采购 A 材料入库 | 15 000 | 52.39967 | 785 994.99 | | | | 10 000 | 50 | 500 000.00 |
| | | | | | | | | | | 15 000 | 52.39967 | 785 994.99 |
| 6 | 20 | 转 04 | 领用 A 材料 18 000 件，B 材料 30 000 颗 | | | | 10 000 | 50 | 500 000.00 | | | |
| | | | | | | | 8 000 | 52.39967 | 419 197.33 | 7 000 | 52.39967 | 366 797.66 |
| 6 | 25 | 转 05 | 领用 A 材料 5 000 件，B 材料 12 000 颗 | | | | 5 000 | 52.39967 | 261 998.33 | 2 000 | 52.39967 | 104 799.33 |
| 6 | 30 | | 本月合计 | 15 000 | | 785 994.99 | 2 300 | | 1 181 195.66 | 2 000 | 52.39967 | 104 799.33 |
| | | | | | | | | | | | | |
| | | | | | | | | | | | | |
| | | | | | | | | | | | | |
| | | | | | | | | | | | | |
| | | | | | | | | | | | | |
| | | | | | | | | | | | | |
| | | | | | | | | | | | | |

表 8－58　原材料——B 材料 明细分类账

页码：×

| 20××年 | | 凭证 | 摘要 | 收入 | | | 发出 | | | 结存 | | |
|---|---|---|---|---|---|---|---|---|---|---|---|---|
| 月 | 日 | 字号 | | 数量 | 单价 | 金额 | 数量 | 单价 | 金额 | 数量 | 单价 | 金额 |
| | | | …… | | | | | | | | | |
| | | | ××× | | | | | | | 8 000 | 25 | 200 000.00 |
| 5 | 31 | | 本月合计 | ××× | ××× | ××× | ××× | ××× | ××× | 8 000 | 25 | 200 000.00 |
| 6 | 7 | 转 03 | 向 R 单位采购 B 材料入库 | 50 000 | 26.08 | 1 303 999.00 | | | | 8 000 | 25 | 200 000.00 |
| | | | | | | | | | | 50 000 | 26.07998 | 1 303 999.00 |
| 6 | 20 | 转 04 | 领用 A 材料 18 000 件，B 材料 30 000 颗 | | | | 8 000 | 25 | 200 000.00 | | | |
| | | | | | | | 22 000 | 26.07998 | 573 759.56 | 28 000 | 26.07998 | 730 239.44 |
| 6 | 25 | 转 05 | 领用 A 材料 5 000 件，B 材料 12 000 颗 | | | | 12 000 | 26.07998 | 312 959.76 | 16 000 | 26.07998 | 417 279.68 |
| 6 | 30 | | 本月合计 | 50 000 | | 1 303 999.00 | 42 000 | | 1 086 719.32 | 16 000 | 26.07998 | 417 279.68 |
| | | | | | | | | | | | | |
| | | | | | | | | | | | | |
| | | | | | | | | | | | | |
| | | | | | | | | | | | | |
| | | | | | | | | | | | | |
| | | | | | | | | | | | | |
| | | | | | | | | | | | | |

表 8-59 库存商品——Ω产品 明细分类账

页码：×

| 20××年 | | 凭证 | 摘要 | 收入 | | | 发出 | | | 结存 | | |
|---|---|---|---|---|---|---|---|---|---|---|---|---|
| 月 | 日 | 字号 | | 数量 | 单价 | 金额 | 数量 | 单价 | 金额 | 数量 | 单价 | 金额 |
| | | | …… | | | | | | | | | |
| | | | ××× | | | | | | | 3 500 | 2 000 | 7 000 000.00 |
| 5 | 31 | | 本月合计 | ××× | ××× | ××× | ××× | ××× | ××× | 3 500 | 2 000 | 7 000 000.00 |
| 6 | 30 | 转 10 | Ω产品完工 3 025 个入库 | 3 025 | 2 050.335 | 6 202 263.39 | | | | 3 500 | 2 000 | 7 000 000.00 |
| | | | | | | | | | | 3 025 | 2 050.335 | 6 202 263.39 |
| 6 | 30 | 转 13 | 结转销售销售Ω新产品 6 000 个的成本 | | | | 3 500 | 2 000 | 7 000 000.00 | | | |
| | | | | | | | 2 500 | 2 050.335 | 5 125 837.51 | 525 | 2 050.335 | 1 076 425.88 |
| 6 | 30 | | 本月合计 | 3 025 | | 6 202 263.39 | 6 000 | | 12 125 837.51 | 525 | 2 050.335 | 1 076 425.88 |
| | | | | | | | | | | | | |
| | | | | | | | | | | | | |
| | | | | | | | | | | | | |
| | | | | | | | | | | | | |
| | | | | | | | | | | | | |
| | | | | | | | | | | | | |
| | | | | | | | | | | | | |
| | | | | | | | | | | | | |

表 8－60 库存商品——Φ 产品 明细分类账

页码：×

| 20××年 | | 凭证 | 摘要 | 收入 | | | 发出 | | | 结存 | | |
|---|---|---|---|---|---|---|---|---|---|---|---|---|
| 月 | 日 | 字号 | | 数量 | 单价 | 金额 | 数量 | 单价 | 金额 | 数量 | 单价 | 金额 |
| | | | …… | | | | | | | | | |
| | | | ××× | | | | | | | 1 500 | 2 000 | 3 000 000.00 |
| 5 | 31 | | 本月合计 | ××× | ××× | ××× | ××× | ××× | ××× | 1 500 | 2 000 | 3 000 000.00 |
| 6 | 30 | 转 11 | Φ 产品完工 969 罐入库 | 969 | 2635.998 | 2 554 282.25 | | | | 1 500 | 2 000 | 3 000 000.00 |
| | | | | | | | | | | 969 | 2 635.998 | 2 554 282.25 |
| 6 | 30 | 转 14 | 结转销售销售 Φ 新产品 2 399 罐的成本 | | | | 1 500 | 2000 | 3 000 000.00 | | | |
| | | | | | | | 899 | 2635.998 | 2 369 762.38 | 70 | 2 635.998 | 184 519.87 |
| 6 | 30 | | 本月合计 | 969 | | 2 554 282.25 | 2 399 | | 5 369 762.38 | 70 | 2 635.998 | 184 519.87 |
| | | | | | | | | | | | | |
| | | | | | | | | | | | | |
| | | | | | | | | | | | | |
| | | | | | | | | | | | | |
| | | | | | | | | | | | | |
| | | | | | | | | | | | | |
| | | | | | | | | | | | | |
| | | | | | | | | | | | | |

第四步：根据记账凭证登记总分类账（结账略）；

**表 8－61　总分类账**

账户名称：库存现金　　　　页码：×

| 20××年 | | 凭证字号 | 摘要 | 借方 | 贷方 | 借或贷 | 余额 |
|---|---|---|---|---|---|---|---|
| 月 | 日 | | | | | | |
| | | | …… | | | | |
| 5 | 31 | | 本月合计 | ××× | ××× | 借 | 9 000.00 |
| 6 | 6 | 付 02 | 支付向 P 单位购买 A 材料运杂费 | | 5 064.99 | 借 | 3 935.01 |
| | | | | | | | |
| | | | | | | | |
| | | | | | | | |
| | | | | | | | |

**表 8－62　总分类账**

账户名称：银行存款　　　　页码：×

| 20××年 | | 凭证字号 | 摘要 | 借方 | 贷方 | 借或贷 | 余额 |
|---|---|---|---|---|---|---|---|
| 月 | 日 | | | | | | |
| | | | …… | | | | |
| 5 | 31 | | 本月合计 | ××× | ××× | 借 | 22 999 000.00 |
| 6 | 1 | 收 01 | Y 投资者追加投资 | 13 000 000.00 | | 借 | 35 999 000.00 |
| 6 | 6 | 付 01 | 支付向 P 单位购买 A 材料运输费 | | 1 000.00 | 借 | 35 998 000.00 |
| 6 | 10 | 付 03 | 向 R 采购 B 材料 50 000 颗，26 元/颗 | | 1 521 000.00 | 借 | 34 477 000.00 |
| 6 | 11 | 付 04 | 支付向 R 单位购买 B 材料运杂费 | | 4 188.00 | 借 | 34 472 812.00 |
| 6 | 15 | 付 05 | 支付前欠的购货价税款 | | 1 900 000.00 | 借 | 32 572 812.00 |
| 6 | 30 | 付 06 | 支付管理部门办公费 | | 1 500 000.00 | 借 | 31 072 812.00 |
| 6 | 30 | 付 07 | 支付管理部门业务招待费 | | 1 000 000.00 | 借 | 30 072 812.00 |
| 6 | 30 | 付 08 | 支付管理部门水电费 | | 1 500 000.00 | 借 | 28 572 812.00 |
| 6 | 30 | 付 09 | 支付会议费 | | 1 000 000.00 | 借 | 27 572 812.00 |
| 6 | 30 | 付 10 | 支付管理部门税费 | | 200 000.00 | 借 | 27 372 812.00 |

（续上表）

| 20××年 | | 凭证字号 | 摘要 | 借方 | 贷方 | 借或贷 | 余额 |
|---|---|---|---|---|---|---|---|
| 月 | 日 | | | | | | |
| 6 | 30 | 付11 | 支付生产车间办公费 | | 300 000.00 | 借 | 27 072 812.00 |
| 6 | 30 | 付12 | 支付工资福利费 | | 5 016 000.00 | 借 | 22 056 812.00 |
| 6 | 30 | 付13 | 支付生产车间水电费 | | 300 000.00 | 借 | 21 756 812.00 |
| 6 | 30 | 付14 | 支付生产车间维修费 | | 200 000.00 | 借 | 21 556 812.00 |
| 6 | 30 | 付15 | 支付生产车间劳保费 | | 177 529.75 | 借 | 21 379 282.25 |
| 6 | 30 | 收02 | 收到L单位前欠价税款 | 980 000.00 | | 借 | 22 359 282.25 |
| 6 | 30 | 收03 | 收到销售Ω产品6 000个价税款 | 26 676 000.00 | | 借 | 49 035 282.25 |
| 6 | 30 | 收04 | 收到销售Φ产品2 399罐价税款 | 10 525 612.50 | | 借 | 59 560 894.75 |
| | | | | | | | |

**表8－63　总分类账**

账户名称：原材料　　　　页码：×

| 20××年 | | 凭证字号 | 摘要 | 借方 | 贷方 | 借或贷 | 余额 |
|---|---|---|---|---|---|---|---|
| 月 | 日 | | | | | | |
| | | | …… | | | | |
| 5 | 31 | | 本月合计 | ××× | ××× | 借 | 700 000.00 |
| 6 | 7 | 转02 | 向P单位采购A材料入库 | 785 994.99 | | 借 | 1 485 994.99 |
| 6 | 12 | 转03 | 向R单位采购B材料入库 | 1 303 999.00 | | 借 | 2 789 993.99 |
| 6 | 20 | 转04 | 领用A材料18 000件，B材料30 000颗 | | 1 692 956.89 | 借 | 1 097 037.10 |
| 6 | 25 | 转05 | 领用A材料5 000件，B材料12 000颗 | | 574 958.09 | 借 | 522 079.01 |
| | | | | | | | |

**表8－64　总分类账**

账户名称：生产成本　　　　页码：×

| 20××年 月 | 日 | 凭证字号 | 摘要 | 借方 | 贷方 | 借或贷 | 余额 |
|---|---|---|---|---|---|---|---|
| | | | …… | | | | |
| 5 | 31 | | 本月合计 | ××× | ××× | 借 | 300 000.00 |
| 6 | 20 | 转04 | 领用A材料18 000件，B材料30 000颗 | 1 692 956.89 | | 借 | 1 992 956.89 |
| 6 | 25 | 转05 | 领用A材料5 000件，B材料12 000颗 | 574 958.09 | | 借 | 2 567 914.98 |
| 6 | 30 | 转06 | 计算工资 | 2 800 000.00 | | 借 | 5 367 914.98 |
| 6 | 30 | 转07 | 计提职工福利费 | 392 000.00 | | 借 | 5 759 914.98 |
| 6 | 30 | 转09 | 分配制造费用 | 3 275 529.75 | | 借 | 9 035 444.73 |
| 6 | 30 | 转10 | Ω产品完工3025个入库 | | 6 202 263.39 | 借 | 2 833 181.34 |
| 6 | 30 | 转11 | Φ产品完工969入库 | | 2 554 282.25 | 借 | 278 899.09 |
| | | | | | | | |

**表8－65　总分类账**

账户名称：应收账款　　　　页码：×

| 20××年 月 | 日 | 凭证字号 | 摘要 | 借方 | 贷方 | 借或贷 | 余额 |
|---|---|---|---|---|---|---|---|
| | | | …… | | | | |
| 5 | 31 | | 本月合计 | ××× | ××× | 借 | 3 000 000.00 |
| 6 | 30 | 收02 | 收到L单位前欠价税款 | | 980 000.00 | 借 | 2 020 000.00 |
| 6 | 30 | 转12 | 收到L单位价税款的2%优惠 | | 20 000.00 | 借 | 2 000 000.00 |
| | | | | | | | |
| | | | | | | | |
| | | | | | | | |

表 8－66　总分类账

账户名称：制造费用　　　　　　　　　　　　　　　　　　　　　　页码：×

| 20××年 |  | 凭证字号 | 摘要 | 借方 | 贷方 | 借或贷 | 余额 |
|---|---|---|---|---|---|---|---|
| 月 | 日 |  |  |  |  |  |  |
|  |  |  | …… |  |  |  |  |
| 5 | 31 |  | 本月合计 | ××× | ××× | 平 | 0 |
| 6 | 30 | 付 11 | 支付生产车间办公费 | 300 000.00 |  | 借 | 300 000.00 |
| 6 | 30 | 转 06 | 计算工资 | 700 000.00 |  | 借 | 1 000 000.00 |
| 6 | 30 | 转 07 | 计提职工福利费 | 98 000.00 |  | 借 | 1 098 000.00 |
| 6 | 30 | 付 13 | 支付生产车间水电费 | 300 000.00 |  | 借 | 1 398 000.00 |
| 6 | 30 | 付 14 | 支付生产车间维修费 | 200 000.00 |  | 借 | 1 598 000.00 |
| 6 | 30 | 付 15 | 支付生产车间劳保费 | 177 529.75 |  | 借 | 1 775 529.75 |
| 6 | 30 | 转 08 | 计提折旧 | 1 500 000.00 |  | 借 | 3 275 529.75 |
| 6 | 30 | 转 09 | 分配制造费用 |  | 3 275 529.75 | 平 | 0 |
|  |  |  |  |  |  |  |  |

表 8－67　总分类账

账户名称：固定资产　　　　　　　　　　　　　　　　　　　　　　页码：×

| 20××年 |  | 凭证字号 | 摘要 | 借方 | 贷方 | 借或贷 | 余额 |
|---|---|---|---|---|---|---|---|
| 月 | 日 |  |  |  |  |  |  |
|  |  |  | …… |  |  |  |  |
| 5 | 31 |  | 本月合计 | ××× | ××× | 借 | 50 100 000.00 |
|  |  |  |  |  |  |  |  |
|  |  |  |  |  |  |  |  |
|  |  |  |  |  |  |  |  |
|  |  |  |  |  |  |  |  |
|  |  |  |  |  |  |  |  |

表 8－68　总分类账

账户名称：累计折旧　　　　页码：×

| 20××年 | | 凭证字号 | 摘要 | 借方 | 贷方 | 借或贷 | 余额 |
|---|---|---|---|---|---|---|---|
| 月 | 日 | | | | | | |
| | | | …… | | | | |
| 5 | 31 | | 本月合计 | ××× | ××× | 贷 | 20 000 000. 00 |
| 6 | 30 | 转 08 | 计提折旧 | | 2 500 000. 00 | 贷 | 22 500 000. 00 |
| | | | | | | | |
| | | | | | | | |
| | | | | | | | |
| | | | | | | | |

表 8－69　总分类账

账户名称：库存商品　　　　页码：×

| 20××年 | | 凭证字号 | 摘要 | 借方 | 贷方 | 借或贷 | 余额 |
|---|---|---|---|---|---|---|---|
| 月 | 日 | | | | | | |
| | | | …… | | | | |
| 5 | 31 | | 本月合计 | ××× | ××× | 借 | 10 000 000. 00 |
| 6 | 30 | 转 10 | Ω 产品完工 3 025 个入库 | 6 202 263. 39 | | 借 | 16 202 263. 39 |
| 6 | 30 | 转 11 | Φ 产品完工 969 罐入库 | 2 554 282. 25 | | 借 | 18 756 545. 64 |
| 6 | 30 | 转 13 | 结转销售销售 Ω 产品 6 000个的成本 | | 12 125 837. 51 | 借 | 6 630 708. 13 |
| 6 | 30 | 转 14 | 结转销售销售 Φ 产品 2 399罐的成本 | | 5 369 762. 37 | 借 | 1 260 945. 76 |
| | | | | | | | |

表 8－70　总分类账

账户名称：应付职工薪酬　　　　页码：×

| 20××年 | | 凭证字号 | 摘要 | 借方 | 贷方 | 借或贷 | 余额 |
|---|---|---|---|---|---|---|---|
| 月 | 日 | | | | | | |
| | | | …… | | | | |
| 5 | 31 | | 本月合计 | ××× | ××× | 平 | 0 |
| 6 | 30 | 转 06 | 计算工资 | | 4 400 000. 00 | 贷 | 4 400 000. 00 |
| 6 | 30 | 转 07 | 计提职工福利费 | | 616 000. 00 | 贷 | 5 016 000. 00 |
| 6 | 30 | 付 12 | 支付工资福利费 | 5 016 000. 00 | | 平 | 0 |
| | | | | | | | |
| | | | | | | | |

表 8－71　总分类账

账户名称：应付账款　　　　　　　　　　　　　　　　页码：×

| 20××年 | | 凭证字号 | 摘要 | 借方 | 贷方 | 借或贷 | 余额 |
|---|---|---|---|---|---|---|---|
| 月 | 日 | | | | | | |
| | | | …… | | | | |
| 5 | 31 | | 本月合计 | ××× | ××× | 贷 | 2 000 000.00 |
| 6 | 5 | 转 01 | 采购 A 材料 15 000 件，52 元/件 | | 912 600.00 | 贷 | 2 912 600.00 |
| 6 | 15 | 付 05 | 支付前欠的购货价税款 | 1 900 000.00 | | 贷 | 1 012 600.00 |
| | | | | | | | |
| | | | | | | | |
| | | | | | | | |

表 8－72　总分类账

账户名称：主营业务收入　　　　　　　　　　　　　　页码：×

| 20××年 | | 凭证字号 | 摘要 | 借方 | 贷方 | 借或贷 | 余额 |
|---|---|---|---|---|---|---|---|
| 月 | 日 | | | | | | |
| | | | …… | | | | |
| 5 | 31 | | 本月合计 | ××× | ××× | 平 | 0 |
| 6 | 30 | 收 03 | 收到销售 Ω 产品 6 000 个价款 | | 22 800 000.00 | 贷 | 22 800 000.00 |
| 6 | 30 | 收 04 | 收到销售 Φ 产品 2 399 罐价款 | | 8 996 250.00 | 贷 | 31 796 250.00 |
| 6 | 30 | 转 16 | 结转损益类账户 | 31 796 250.00 | | 平 | 0 |
| | | | | | | | |
| | | | | | | | |

表 8－73　总分类账

账户名称：主营业务成本　　　　　　　　　　　　　　页码：×

| 20××年 | | 凭证字号 | 摘要 | 借方 | 贷方 | 借或贷 | 余额 |
|---|---|---|---|---|---|---|---|
| 月 | 日 | | | | | | |
| | | | …… | | | | |
| 5 | 31 | | 本月合计 | ××× | ××× | 平 | 0 |
| 6 | 30 | 转 13 | 结转销售销售 Ω 产品 6 000个的成本 | 12 125 837.51 | | 借 | 12 125 837.51 |
| 6 | 30 | 转 14 | 结转销售销售 Φ 产品 2 399罐的成本 | 5 369 762.37 | | 借 | 17 495 599.88 |
| 6 | 30 | 转 17 | 结转损益类账户 | | 17 495 599.88 | 平 | 0 |
| | | | | | | | |
| | | | | | | | |

**表 8－74　总分类账**

账户名称：营业税金及附加　　　　　　　　　　　　页码：×

| 20××年 月 | 日 | 凭证字号 | 摘要 | 借方 | 贷方 | 借或贷 | 余额 |
|---|---|---|---|---|---|---|---|
| | | | …… | | | | |
| 5 | 31 | | 本月合计 | ××× | ××× | 平 | 0 |
| 6 | 30 | 转15 | 应交城市维护建设税 | 353 605. 25 | | 借 | 353 605. 25 |
| 6 | 30 | 转17 | 结转损益类账户 | | 353 605. 25 | 平 | 0 |
| | | | | | | | |
| | | | | | | | |
| | | | | | | | |

**表 8－76　总分类账**

账户名称：管理费用　　　　　　　　　　　　页码：

| 20××年 月 | 日 | 凭证字号 | 摘要 | 借方 | 贷方 | 借或贷 | 余额 |
|---|---|---|---|---|---|---|---|
| | | | …… | | | | |
| 5 | 31 | | 本月合计 | ××× | ××× | 平 | 0 |
| 6 | 30 | 付06 | 支付管理部门办公费 | 1 500 000. 00 | | 借 | 1 500 000. 00 |
| 6 | 30 | 付07 | 支付管理部门业务招待费 | 1 000 000. 00 | | 借 | 2 500 000. 00 |
| 6 | 30 | 付08 | 支付管理部门水电费 | 1 500 000. 00 | | 借 | 4 000 000. 00 |
| 6 | 30 | 付09 | 支付会议费 | 1 000 000. 00 | | 借 | 5 000 000. 00 |
| 6 | 30 | 付10 | 支付管理部门税费 | 200 000. 00 | | 借 | 5 200 000. 00 |
| 6 | 30 | 转06 | 计算工资 | 900 000. 00 | | 借 | 6 100 000. 00 |
| 6 | 30 | 转07 | 计提职工福利费 | 126 000. 00 | | 借 | 6 226 000. 00 |
| 6 | 30 | 转08 | 计提折旧 | 1 000 000. 00 | | 借 | 7 226 000. 00 |
| 6 | 30 | 转17 | 结转损益类账户 | | 7 226 000. 00 | 平 | 0 |
| | | | | | | | |

表 8－76 总分类账

账户名称：财务费用　　页码：×

| 20××年 月 | 日 | 凭证字号 | 摘要 | 借方 | 贷方 | 借或贷 | 余额 |
|---|---|---|---|---|---|---|---|
| | | | …… | | | | |
| 5 | 31 | | 本月合计 | ××× | ××× | 平 | 0 |
| 6 | 30 | 转 12 | 收到 L 单位价税款的 2%优惠 | 20 000.00 | | 借 | 20 000.00 |
| 6 | 30 | 转 17 | 结转损益类账户 | | 20 000.00 | 平 | 0 |
| | | | | | | | |
| | | | | | | | |
| | | | | | | | |

表 8－77 总分类账

账户名称：实收资本　　页码：×

| 20××年 月 | 日 | 凭证字号 | 摘要 | 借方 | 贷方 | 借或贷 | 余额 |
|---|---|---|---|---|---|---|---|
| | | | 上年结转 | | | | |
| 1 | 1 | | 年初余额 | | | 贷 | 50 000 000.00 |
| 6 | 1 | 收 01 | Y 投资者追加投资 | | 10 000 000.00 | 贷 | 60 000 000.00 |
| | | | | | | | |
| | | | | | | | |
| | | | | | | | |

表 8－78 总分类账

账户名称：资本公积　　页码：×

| 20××年 月 | 日 | 凭证字号 | 摘要 | 借方 | 贷方 | 借或贷 | 余额 |
|---|---|---|---|---|---|---|---|
| | | | 上年结转 | | | | |
| 1 | 1 | | 年初余额 | | | 贷 | 3 000 000.00 |
| 6 | 1 | 收 01 | Y 投资者追加投资 | | 3 000 000.00 | 贷 | 6 000 000.00 |
| | | | | | | | |
| | | | | | | | |
| | | | | | | | |

表 8－79　总分类账

账户名称：应交税费　　　　　　　　　　　　　　　　　　　　　　　页码：×

| 20××年 | | 凭证字号 | 摘要 | 借方 | 贷方 | 借或贷 | 余额 |
|---|---|---|---|---|---|---|---|
| 月 | 日 | | | | | | |
| | | | …… | | | | |
| 5 | 31 | | 本月合计 | ××× | ××× | 平 | 0 |
| 6 | 5 | 转 01 | 采购 A 材料 15 000 件，52 元/件 | 132 600.00 | | 借 | 132 600.00 |
| 6 | 6 | 付 01 | 支付向 P 单位购买 A 材料运输费 | 70.00 | | 借 | 132 670.00 |
| 6 | 10 | 付 03 | 向 R 采购 B 材料 50 000 颗，26 元/颗 | 221 000.00 | | 借 | 353 670.00 |
| 6 | 11 | 付 04 | 支付向 R 单位购买 B 材料运输费 | 189.00 | | 借 | 353 859.00 |
| 6 | 30 | 收 03 | 收到销售 Ω 产品 6 000 个税款 | | 3 876 000.00 | 贷 | 3 522 141.00 |
| 6 | 30 | 收 04 | 收到销售 Φ 产品 2 399 罐税款 | | 1 529 362.50 | 贷 | 5 051 503.50 |
| 6 | 30 | 转 15 | 应交城市维护建设税 | | 353 605.25 | 贷 | 5 405 108.75 |
| 6 | 30 | 转 17 | 计算应交所得税 | | 1 675 261.22 | 贷 | 7 080 369.97 |
| | | | | | | | |

表 8－80　总分类账

账户名称：本年利润　　　　　　　　　　　　　　　　　　　　　　　页码：×

| 20××年 | | 凭证字号 | 摘要 | 借方 | 贷方 | 借或贷 | 余额 |
|---|---|---|---|---|---|---|---|
| 月 | 日 | | | | | | |
| | | | …… | | | | |
| 5 | 31 | | 本月合计 | ××× | ××× | 贷 | 6 000 000.00 |
| 6 | 30 | 转 16 | 结转损益类账户 | | 31 796 250.00 | 贷 | 37 796 250.00 |
| 6 | 30 | 转 17 | 结转损益类账户 | 25 095 205.13 | | 贷 | 12 701 044.87 |
| 6 | 30 | 转 19 | 结转损益类账户 | 1 675 261.22 | | 贷 | 11 025 783.65 |
| | | | | | | | |
| | | | | | | | |

表 8-81　总分类账

账户名称：在途物资　　　　页码：×

| 20××年 月 | 日 | 凭证字号 | 摘要 | 借方 | 贷方 | 借或贷 | 余额 |
|---|---|---|---|---|---|---|---|
| | | | …… | | | | |
| 5 | 31 | | 本月合计 | ××× | ××× | 平 | 0 |
| 6 | 5 | 转01 | 采购A材料15 000件，52元/件 | 780 000.00 | | 借 | 780 000.00 |
| 6 | 6 | 付01 | 支付向P单位购买A材料运输费 | 930.00 | | 借 | 780 930.00 |
| 6 | 6 | 付02 | 支付向P单位购买A材料运杂费 | 5 064.99 | | 借 | 785 994.99 |
| 6 | 7 | 转02 | 向P单位采购A材料入库 | | 785 994.99 | 平 | 0 |
| 6 | 10 | 付03 | 向R采购B材料50 000颗，26元/颗 | 1 300 000.00 | | 借 | 1 300 000.00 |
| 6 | 11 | 付04 | 支付向R单位购买B材料运杂费 | 3 999.00 | | 借 | 1 303 999.00 |
| 6 | 12 | 转03 | 向R单位采购B材料入库 | | 1 303 999.00 | 平 | 0 |
| | | | | | | | |

表 8-82　总分类账

账户名称：所得税费用　　　　页码：×

| 20××年 月 | 日 | 凭证字号 | 摘要 | 借方 | 贷方 | 借或贷 | 余额 |
|---|---|---|---|---|---|---|---|
| | | | …… | | | | |
| 5 | 31 | | 本月合计 | ××× | ××× | 平 | 0 |
| 6 | 30 | 转18 | 所得税费用 | 1 675 261.22 | | 借 | 1 675 261.22 |
| 6 | 30 | 转19 | 结转损益类账户 | | 1 675 261.22 | 平 | 0 |
| | | | | | | | |
| | | | | | | | |
| | | | | | | | |

表 8-83　总分类账

账户名称：盈余公积　　　　页码：×

| 20××年 月 | 日 | 凭证字号 | 摘要 | 借方 | 贷方 | 借或贷 | 余额 |
|---|---|---|---|---|---|---|---|
| | | | 上年结转 | | | | |
| 1 | 1 | | 年初余额 | | | 贷 | 6 000 000.00 |
| | | | | | | | |
| | | | | | | | |
| | | | | | | | |

第五步：对账（略）；

第六步：根据总分类账和明细分类账，编制财务会计报告（略）。

# 第三节　科目汇总表账务处理程序

## 一、科目汇总表账务处理程序的步骤

科目汇总表账务处理程序主要是按照一段时期内所发生的经济业务，填制产生科目汇总表，再依据科目汇总表去登记总分类账。

科目汇总表的格式如表 8－84 所示，表 8－84 是一个月内只编制一张科目汇总表的形式；表 8－85 是一个月内每半月编制一次的科目汇总表形式。

表 8－84　科目汇总表

| 科目名称 | 借方发生额 | 贷方发生额 | 过账 |
|---|---|---|---|
| 库存现金 | | | |
| 银行存款 | | | |
| 应收账款 | | | |
| 坏账准备 | | | |
| 在途物资 | | | |
| 原材料 | | | |
| 生产成本 | | | |
| 制造费用 | | | |
| 库存商品 | | | |
| 固定资产 | | | |
| 累计折旧 | | | |
| 应付账款 | | | |
| 应付职工薪酬 | | | |
| 应交税费 | | | |
| 实收资本 | | | |
| 资本公积 | | | |
| 本年利润 | | | |
| 盈余公积 | | | |
| 主营业务收入 | | | |
| 主营业务成本 | | | |
| 营业税金及附加 | | | |
| 管理费用 | | | |
| …… | | | |

表 8-85　科目汇总表

| 科目名称 | 发生额 | | | | | |
|---|---|---|---|---|---|---|
| | 1 日—15 日 | | | 16 日—30 日 | | |
| | 借方 | 贷方 | 过账 | 借方 | 贷方 | 过账 |
| …… | | | | | | |
| | | | | | | |
| | | | | | | |
| | | | | | | |
| | | | | | | |
| | | | | | | |
| | | | | | | |

从设置会计账簿来看，科目汇总表账务处理程序一般要求设置现金日记账、银行存款日记账、总分类账、各种明细分类账等。

科目汇总表账务处理程序的主要步骤：根据原始凭证（包括汇总原始凭证）编制记账凭证；根据记账凭证登记现金日记账和银行存款日记账；根据原始凭证和记账凭证登记明细分类账；根据一段时间内的记账凭证编制科目汇总表；根据科目汇总表登记总分类账；对账；根据总分类账和明细分类账，编制财务会计报告。如图 8-2 所示。

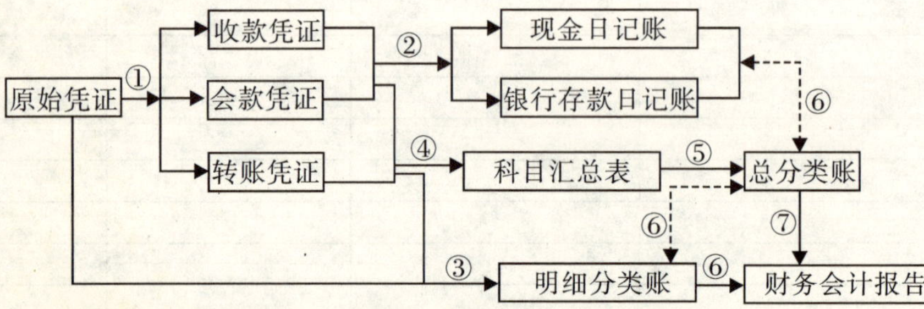


图 8-2　科目汇总表账务处理程序步骤

科目汇总表账务处理程序一般适用于发生的经济业务多，单位较大的核算单位；尽管科目汇总表账务处理程序减少了登记总账的工作量，但从会计账簿之间的关系来看，按科目汇总表登记总账，与之相联系的数据之间的对应关系并不明显。因此，不便于在总分类账中查找错误或直接按总账账簿数据查到具体经济业务数据。

## 二、科目汇总表账务处理程序举例

［例 8-2］仍以［例 8-1］的数据为例，但登记总账是按照科目汇总表来登记，因此，这里主要列出登记总账的结果。

第一步：根据原始凭证（包括汇总原始凭证）编制记账凭证（略）。

第二步：根据记账凭证登记现金日记账和银行存款日记账（略）。

第三步：根据原始凭证和记账凭证登记明细分类账（略）。

第四步：根据一段时间内的记账凭证编制科目汇总表。

**表 8-86 核算单位的科目汇总表**

科目汇总表

编制日期：20××年6月30日　　　　科汇字第01号

| 科目名称 | 借方发生额 | 贷方发生额 | 过账 |
|---|---|---|---|
| 库存现金 | 0 | 5 064.99 | |
| 银行存款 | 51 181 612.50 | 14 619 717.75 | |
| 应收账款 | 0 | 1 000 000.00 | |
| 坏账准备 | 0 | 0 | |
| 在途物资 | 2 089 993.99 | 2 089 993.99 | |
| 原材料 | 2 089 993.99 | 2 267 914.98 | |
| 生产成本 | 8 735 444.73 | 8 756 545.64 | |
| 制造费用 | 3 275 529.75 | 3 275 529.75 | |
| 库存商品 | 8 756 545.64 | 17 495 599.88 | |
| 固定资产 | 0 | 0 | |
| 累计折旧 | 0 | 2 500 000.00 | |
| 应付账款 | 1 900 000.00 | 912 600.00 | |
| 应付职工薪酬 | 5 016 000.00 | 5 016 000.00 | |
| 应交税费 | 353 859.00 | 7 434 228.97 | |
| 实收资本 | 0 | 10 000 000.00 | |
| 资本公积 | 0 | 3 000 000.00 | |
| 本年利润 | 26 770 466.35 | 31 796 250.00 | |
| 盈余公积 | 0 | 0 | |
| 主营业务收入 | 31 796 250.00 | 31 796 250.00 | |
| 主营业务成本 | 17 495 599.88 | 17 495 599.88 | |
| 营业税金及附加 | 353 605.25 | 353 605.25 | |
| 管理费用 | 7 226 000.00 | 7 226 000.00 | |
| 财务费用 | 20 000.00 | 20 000.00 | |
| 所得税费用 | 1 675 261.22 | 1 675 261.22 | |
| 合计 | 168 736 162.30 | 168 736 162.30 | |

第五步：根据科目汇总表登记总分类账（只给出“库存现金”和“银行存款”的总分类账登记）。

表 8-87　总分类账

账户名称：库存现金　　　　　　　　　　　　　　　页码：×

| 20××年 | | 凭证字号 | 摘要 | 借方 | 贷方 | 借或贷 | 余额 |
|---|---|---|---|---|---|---|---|
| 月 | 日 | | | | | | |
| | | | …… | | | | |
| 5 | 31 | | 本月合计 | ××× | ××× | 借 | 9 000.00 |
| 6 | 30 | 科汇 01 | 本月发生 | | 5 064.99 | 借 | 3 935.01 |
| | | | | | | | |
| | | | | | | | |
| | | | | | | | |
| | | | | | | | |

表 8-88　总分类账

账户名称：银行存款　　　　　　　　　　　　　　　页码：×

| 20××年 | | 凭证字号 | 摘要 | 借方 | 贷方 | 借或贷 | 余额 |
|---|---|---|---|---|---|---|---|
| 月 | 日 | | | | | | |
| | | | …… | | | | |
| 5 | 31 | | 本月合计 | ××× | ××× | 借 | 22 999 000.00 |
| 6 | 30 | 科汇 01 | 本月发生 | 51 181 612.50 | 14 619 717.75 | 借 | 59 560 894.75 |
| | | | | | | | |
| | | | | | | | |
| | | | | | | | |
| | | | | | | | |

第六步：对账（略）。

第七步：根据总分类账和明细分类账，编制财务会计报告（略）。

# 第四节　汇总记账凭证账务处理程序

## 一、汇总记账凭证账务处理程序

汇总记账凭证账务处理程序主要是将一段时期内所发生的经济业务，按照收款凭证、付款凭证和转账凭证编制成汇总记账凭证，再依据汇总记账凭证去登记总分类账。

表 8－89 是按月编制汇总转账凭证的格式，表 8－90 是按旬编制汇总转账凭证的格式，表 8－91 是汇总现金收款凭证的格式，表 8－92 是汇总银行存款收款凭证的格式，表 8－93 是汇总现金付款凭证的格式，表 8－94 是汇总银行存款付款凭证的格式。

**表 8－89　按月汇总转账凭证**

汇总转账凭证

贷方科目：　　　　　　　　编制日期：　　年　月　日　　　　　　汇转字第　号

| 记账凭证 | 借方科目 | 金额 | 过账 |
| --- | --- | --- | --- |
| | | | |
| | | | |
| | | | |
| | | | |

**表 8－90　按旬编制汇总转账凭证**

汇总转账凭证

贷方科目：　　　　　　　　编制日期：　　年　月　日　　　　　　汇转字第　号

| 记账凭证 | 借方科目 | 金额 | | | 过账 |
| --- | --- | --- | --- | --- | --- |
| | | 1 日—10 日 | 11 日—20 日 | 21 日—31 日 | |
| | | | | | |
| | | | | | |
| | | | | | |
| | | | | | |

**表 8－91　汇总现金收款凭证**

汇总现金收款凭证

借方科目：库存现金　　　　编制日期：　　年　月　日　　　　　　汇现字第 01 号

| 记账凭证 | 贷方科目 | 金额 | 过账 |
| --- | --- | --- | --- |
| | | | |
| | | | |
| | | | |
| | | | |

表 8－92　汇总银行存款收款凭证

汇总银行存款收款凭证

借方科目：银行存款　　编制日期：　年　月　日　　汇银字第 01 号

| 记账凭证 | 贷方科目 | 金额 | 过账 |
| --- | --- | --- | --- |
| | | | |
| | | | |
| | | | |
| | | | |

表 8－93　汇总现金付款凭证

汇总现金付款凭证

贷方科目：库存现金　　编制日期：　年　月　日　　汇现字第 02 号

| 记账凭证 | 借方科目 | 金额 | 过账 |
| --- | --- | --- | --- |
| | | | |
| | | | |
| | | | |
| | | | |

表 8－94　汇总银行存款付款凭证

汇总银行存款付款凭证

贷方科目：银行存款　　编制日期：　年　月　日　　汇银字第 02 号

| 记账凭证 | 借方科目 | 金额 | 过账 |
| --- | --- | --- | --- |
| | | | |
| | | | |
| | | | |
| | | | |

根据现金收款凭证编制成汇总现金收款凭证；根据银行存款收款凭证编制成汇总银行存款收款凭证；根据现金付款凭证编制成汇总现金付款凭证；根据银行存款付款凭证编制成汇总银行存款付款凭证；根据转账凭证每一贷方科目编制成汇总转账凭证。

从设置会计账簿来看，汇总记账凭证账务处理程序一般要求设置现金日记账、银行存款日记账、总分类账、各种明细分类账等。

汇总记账凭证账务处理程序的主要步骤：根据原始凭证（包括汇总原始凭证）编制记账凭证；根据记账凭证登记现金日记账和银行存款日记账；根据原始凭证和记账凭证登记明细分类账；根据一段时间内的记账凭证编制汇总记账凭证；根据汇总记账凭证登记总分类账；对账（总分类账和明细分类账、总分类账和日记账）；根据总分类账和明细分类账，编制财务会计报告。如图 8－3 所示。

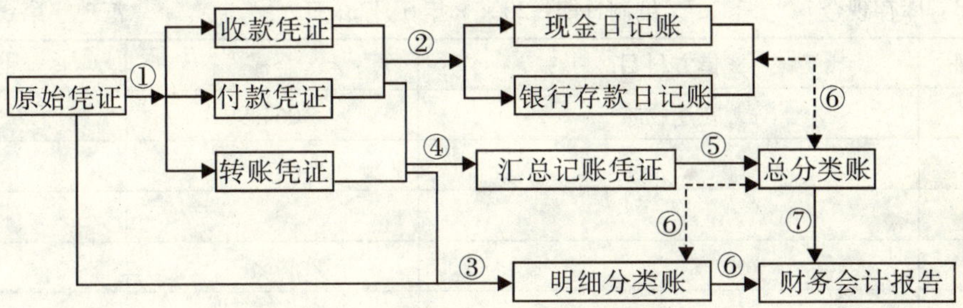


图 8-3 汇总记账凭证账务处理程序步骤

汇总记账凭证账务处理程序一般适用于发生的经济业务多，单位较大的核算单位；尽管汇总记账凭证中，汇总转账凭证的数量不定，但一定时期内，汇总现金收款凭证、汇总银行存款收款凭证、汇总现金付款凭证、汇总银行存款付款凭证各有一份；汇总记账凭证账务处理程序也能够减少登记总账的工作量，但一方面，汇总转账凭证的贷方科目究竟会出现多少是不定的，因此，减少登记总账的工作量也较科目汇总表账务处理程序较弱；另一方面，从会计账簿之间的关系来看，按汇总记账凭证登记总账，与之相联系的数据之间的对应关系也有些不明显，因此，有时不能从有的会计账簿中查到具体经济业务数据。

## 二、汇总记账凭证账务处理程序举例

［例 8-3］仍以［例 8-1］的数据为例，但登记总账是按照汇总记账凭证来登记，因此，这里主要列出登记总账的结果。

第一步：根据原始凭证（包括汇总原始凭证）编制记账凭证（略）。

第二步：根据记账凭证登记现金日记账和银行存款日记账（略）。

第三步：根据原始凭证和记账凭证登记明细分类账（略）。

第四步：根据一段时间内的记账凭证编制汇总记账凭证。

表 8-95 汇总银行存款收款凭证

借方科目：银行存款　　编制日期：20××年6月30日　　汇银字第01号

| 记账凭证 | 贷方科目 | 金额 | 过账 |
|---|---|---|---|
| 收 01 | 实收资本 | 10 000 000.00 | |
| 收 01 | 资本公积 | 3 000 000.00 | |
| 收 02 | 应收账款 | 980 000.00 | |
| 收 03. 收 04 | 主营业务收入 | 31 796 250.00 | |
| 收 03. 收 04 | 应交税费 | 5 405 362.50 | |
| 合计 | | 51 181 612.50 | |

**表 8－96　汇总现金付款凭证**

贷方科目：库存现金　　　　编制日期：20××年6月30日　　　　汇现字第01号

| 记账凭证 | 借方科目 | 金额 | 过账 |
|---|---|---|---|
| 付02 | 在途物资 | 5 064.99 | |
| | | | |
| | | | |
| | | | |
| | | | |
| 合计 | | 5 064.99 | |

**表 8－97　汇总银行存款付款凭证**

贷方科目：银行存款　　　　编制日期：20××年6月30日　　　　汇银字第02号

| 记账凭证 | 借方科目 | 金额 | 过账 |
|---|---|---|---|
| 付01－付04 | 在途物资 | 1 304 929.00 | |
| 付01－付04 | 应交税费 | 221 259.00 | |
| 付05 | 应付账款 | 1 900 000.00 | |
| 付06－付10 | 管理费用 | 5 200 000.00 | |
| 付11，付13－付15 | 制造费用 | 977 529.75 | |
| 付12 | 应付职工薪酬 | 5 016 000.00 | |
| 合计 | | 14 619 717.75 | |

汇总转账凭证因为比较多，因此，这里只以“应付账款”为例编制汇总转账凭证。

**表 8－98　汇总转账凭证**

贷方科目：应付账款　　　　编制日期：20××年6月30日　　　　汇转字第01号

| 记账凭证 | 借方科目 | 金额 | 过账 |
|---|---|---|---|
| 转01 | 在途物资 | 780 000.00 | |
| 转01 | 应交税费 | 132 600.00 | |
| | | | |
| | | | |
| | | | |
| 合计 | | 912 600.00 | |

第五步：根据汇总记账凭证表登记总分类账（只给出几个账户）。

表 8－99　总分类账

账户名称：库存现金　　　　页码：×

| 20××年 | | 凭证字号 | 摘要 | 借方 | 贷方 | 借或贷 | 余额 |
|---|---|---|---|---|---|---|---|
| 月 | 日 | | | | | | |
| | | | …… | | | | |
| 5 | 31 | | 本月合计 | ××× | ××× | 借 | 9 000.00 |
| 6 | 30 | 汇现 01 | 本月发生 | | 5 064.99 | 借 | 3 935.01 |
| | | | | | | | |
| | | | | | | | |
| | | | | | | | |
| | | | | | | | |

表 8－100　总分类账

账户名称：银行存款　　　　页码：×

| 20××年 | | 凭证字号 | 摘要 | 借方 | 贷方 | 借或贷 | 余额 |
|---|---|---|---|---|---|---|---|
| 月 | 日 | | | | | | |
| | | | …… | | | | |
| 5 | 31 | | 本月合计 | ××× | ××× | 借 | 22 999 000.00 |
| 6 | 30 | 汇银 01 | 本月发生 | 51 181 612.50 | | 借 | 74 180 612.50 |
| 6 | 30 | 汇银 02 | 本月发生 | | 14 619 717.75 | 借 | 59 560 894.75 |
| | | | | | | | |
| | | | | | | | |
| | | | | | | | |

表 8－101　总分类账

账户名称：应付账款　　　　页码：×

| 20××年 | | 凭证字号 | 摘要 | 借方 | 贷方 | 借或贷 | 余额 |
|---|---|---|---|---|---|---|---|
| 月 | 日 | | | | | | |
| | | | …… | | | | |
| 5 | 31 | | 本月合计 | ××× | ××× | 贷 | 2 000 000.00 |
| 6 | 30 | 汇银 02 | 本月发生 | 1 900 000.00 | | 贷 | 100 000.00 |
| 6 | 30 | 汇转 01 | 本月发生 | | 912 600.00 | 贷 | 1 012 600.00 |
| | | | | | | | |
| | | | | | | | |
| | | | | | | | |

第六步：对账（略）。

第七步：根据总分类账和明细分类账，编制财务会计报告（略）。

# 第五节 日记总账账务处理程序

## 一、日记总账账务处理程序

日记总账账务处理程序除了总分类账的格式不同以及因格式带来的登记账簿的不同外，日记总账账务处理程序与前述几种账务处理程序有较多共同点。日记总账的格式见表8－102的示意表，在该表中列示出了日记总账的格式。

日记总账账务处理程序的主要步骤：根据原始凭证（包括汇总原始凭证）编制记账凭证；根据记账凭证登记现金日记账和银行存款日记账；根据原始凭证和记账凭证登记明细分类账；根据记账凭证登记日记总账；对账；根据日记总账和明细分类账，编制财务会计报告。如图8－4所示。

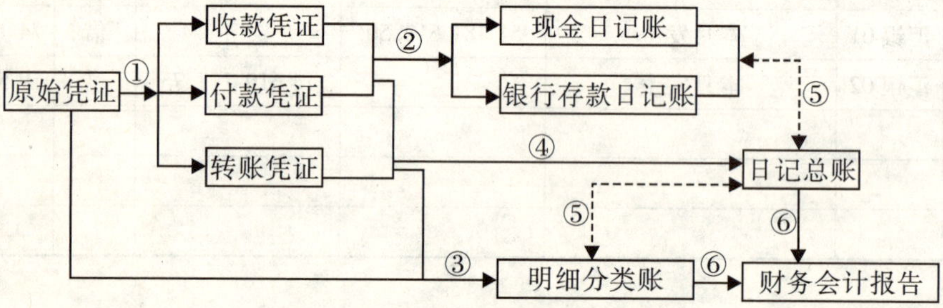


图8－4 日记总账账务处理程序步骤

日记总账账务处理程序除了总账的格式与记账凭证账务处理程序的总账不同外，其他方面与记账凭证账务处理程序类似。日记总账账务处理程序中，因为日记总账的篇幅因素，造成日记总账不可能登记很多会计账户栏目，因此，一般适用于发生经济业务较少、涉及会计科目较少的小型核算单位。

## 二、日记总账账务处理程序中日记总账的格式

表 8－102　日记总账格式

| 20××年 | | 凭证字号 | 摘要 | 发生额 | 库存现金 | | 银行存款 | | 应收账款 | | 预付账款 | | 应付账款 | | …… |
|---|---|---|---|---|---|---|---|---|---|---|---|---|---|---|---|
| 月 | 日 | | | | 借 | 贷 | 借 | 贷 | 借 | 贷 | 借 | 贷 | 借 | 贷 | …… |
| | | | | | | | | | | | | | | | |
| | | | | | | | | | | | | | | | |
| | | | | | | | | | | | | | | | |
| | | | | | | | | | | | | | | | |
| | | | | | | | | | | | | | | | |
| | | | | | | | | | | | | | | | |
| | | | | | | | | | | | | | | | |

在记账凭证账务处理程序中，因有的经济业务放在一起，结算方式也只能填写一种，实务中应该遵循业务实际；类似的情况有业务招待费，以前业务招待费有具体的规定，按规定，超标的将影响到所得税的计算。过账标识、结算手续费、记账凭证和账簿划（斜）线、附件、部分明细账等省略，在此不一一说明。

## 复习思考题

1. 账务处理程序是怎样的?
2. 账务处理程序的种类有哪些?
3. 账务处理程序的意义是什么?
4. 记账凭证账务处理程序的步骤是什么?
5. 科目汇总表账务处理程序的步骤有哪些?
6. 汇总记账凭证账务处理程序的步骤有哪些?
7. 日记总账账务处理程序的步骤有哪些?
8. 各种账务处理程序适用的核算单位大小和优缺点是什么?

## 练习题

### 一、单项选择题

1. 账务处理程序是指（　　）。

   A. 核算单位整个会计核算的全过程

   B. 编制记账凭证的过程

   C. 登记账簿的过程

   D. 编制财务会计报告的过程

2. 对于经济业务量较多的单位来说，记账凭证账务处理程序（　　）。

   A. 合适　　　　B. 不合适

   C. 登记总账工作小　　　　D. 不用登记总账

3. 科目汇总表账务处理程序的缺点是（　　）。

   A. 加大了登记总账工作量

   B. 没有改变登记总账的工作量

   C. 造成会计账户之间的数据对应关系不明显

   D. 需要编制的科目汇总表很多

4. 汇总记账凭证中，汇总现金收款凭证、汇总银行存款收款凭证、汇总现金付款凭证、汇总银行存款付款凭证各有（　　）份。

   A. 2 份　　　　B. 1 份

   C. 不能确定　　　　D. 前两个是 1 份，后两个是 2 份

5. 日记总账账务处理程序一般适用于发生经济业务较少，涉及会计科目较少的小型核算单位，原因是（　　）。

   A. 核算单位没有设置现金日记账

   B. 核算单位没有设置银行存款日记账

C. 核算单位不用编制记账凭证

D. 日记总账篇幅的原因，造成日记总账不可能登记很多会计账户栏目

## 二、多项选择题

1. 账务处理程序的种类包括（　　）。

A. 记账凭证账务处理程序　　B. 科目汇总表账务处理程序

C. 汇总记账凭证账务处理程序　　D. 日记总账账务处理程序

2. 记账凭证账务处理程序一般设置的账簿有（　　）。

A. 现金日记账　　B. 银行存款日记账

C. 各种明细分类账　　D. 总分类账

3. 对于科目汇总表账务处理程序，说法正确的是（　　）。

A. 科目汇总表是登记总账的依据

B. 科目汇总表账务处理程序减少了登记总账的工作量

C. 根据涉及的每一会计科目编制一份科目汇总表

D. 不能依据科目汇总表登记明细分类账

4. 对于汇总记账凭证账务处理程序，说法正确的是（　　）。

A. 根据现金收款凭证编制成汇总现金收款凭证

B. 根据银行存款收款凭证编制成汇总银行存款收款凭证

C. 根据转账凭证每一贷方科目编制成汇总转账凭证

D. 不能编制汇总现金付款凭证和汇总银行存款付款凭证

5. 对于日记总账账务处理程序，说法正确的是（　　）。

A. 总账的格式与别的账务处理程序的总账格式不同

B. 要求设置现金日记账和银行存款日记账

C. 不需要设置明细分类账

D. 不需要编制财务会计报告

## 三、账务处理程序题

按照第四章例题所发生的经济业务，要求分别按照各种账务处理程序的步骤，做好账务处理的练习。

1. 请按照记账凭证账务处理程序的步骤；
2. 请按照科目汇总表账务处理程序的步骤；
3. 请按照汇总记账凭证账务处理程序的步骤；
4. 请按照日记总账账务处理程序的步骤；
5. 请按照多栏式日记账账务处理程序的步骤。

# 第九章　财产清查

在核算单位的会计核算过程中，有一部分会计账簿数据与货币资金、债权债务、财产物资等联系比较紧密，因为与这部分会计账簿数据联系紧密的货币资金、往来款项、财产物资等容易发生账实不符或坏账，为了能够做到账实相符，需要进行财产清查。

## 第一节　财产清查概述

财产清查是一种用于保证账实相符的专门会计核算方法。

对于财产清查，可以作多方面的分类，在实际工作中，考虑到财产清查的人力、财力、物力等因素的影响，财产清查实际发生差错的可能性以及财产清查的任务要求，并不是所有的财产清查都是全面、定期进行的。

核算单位对往来款项的清查主要是用函证的方法，除货币资金外，对财产物资的清查更具有“盘存”的特点。在实务中，以财产物资为主要代表形成的盘存制度主要有两种：实地盘存制和永续盘存制。

### 一、实地盘存制

实地盘存制又称为定期盘存制，是指平时只登记财产物资的增加数，不登记财产物资的减少数，一般通过盘点的方法来确定期末结存数，并通过倒挤的办法计算出财产物资的减少数和出库数额的方法。

实地盘存制的计算：

本期减少数 = 期初账面结存数 + 本期增加数 − 期末结存数

期末存货成本 = 期末结存数（盘点数）× 单位成本

本期销售（发出）成本 = 期初账面成本 + 本期购货成本 − 期末存货成本

实地盘存制的优点：简单，平时工作量不大，适合数额不大，进出频繁的财产物资。

实地盘存制的缺点：因只记增加数，不记减少数，倒挤出来的减少数不一定符合实际。

## 二、永续盘存制

永续盘存制又称为账面盘存制，是指通过设置财产物资明细账，核算财产物资的增加和减少，并随时结出财产物资的结存数额的方法。

永续盘存制的计算：

本期销售（发出）成本＝本期销售（发出）数量×单位成本

期末存货成本＝期初账面成本＋本期购货成本－本期销售（发出）成本

永续盘存制的优点：账簿记录完整，可以随时根据期初、购货、销售（如发出）数额结出账面结存数额，如果要保证账实相符，需通过财产清查。

永续盘存制的缺点：平时账面收发存的记录工作量大，不适合价值较小、进出频繁的财产物资的核算。

## 三、财产清查的种类

（1）按照财产清查的范围来分，可以分为全面清查和局部清查。

根据财产清查的需要和可能发生账实不符的范围，有的财产清查需要进行全面清查，有的财产清查只需要进行局部清查。

全面清查是指清查的范围涉及一般财产清查内容的各方面，具体包括货币资金、债权债务、财产物资等。

应该进行全面清查的情况包括：年终决算前；撤销、合并或改变隶属关系时；清产核资，摸清家底时。

局部清查是指清查的范围涉及一般财产清查内容的某一方面或某些方面。

（2）按照财产清查的时间来分，可以分为定期清查和不定期清查。

按照财产清查的时间来分，一些财产清查是定期清查，一些财产清查则是不定期清查。

定期清查是指在各年的财产清查任务中，按照预先计划好的清查时间进行的财产清查是定期清查。

不定期清查是指没有预先计划好清查时间的财产清查，或是根据实际工作需要临时进行的财产清查。

不定期清查主要包括：更换有关人员；自然灾害；会计审计；临时性的清产核资；撤销、合并或改变隶属关系。

在不定期清查中，有的可能是全面清查，有的可能是局部清查。

（3）按照财产清查的执行单位来分，可以分为内部清查和外部清查。

财产清查有可能是出于内部需要，也有可能是出于外部要求，因此，按照财产清查的执行单位来分，可以分为内部清查和外部清查。

## 四、会计电算化系统的财产清查

因为财产清查具体过程与人工操作是分不开的，因此，会计电算化系统的财产清查一般主要是接受并存储财产清查结果和对财产清查结果进行账务处理。会计电算化系统可以实现对财产清查结果的数据存储（如“库存现金盘点报告表”等），也可以进行相应的账务处理（如出现盘盈、盘亏时应填制记账凭证并进行记账等）。

## 第二节　财产清查内容

### 一、货币资金的清查

在财产清查的内容中，对货币资金的清查主要是库存现金和银行存款。

1. 库存现金

对库存现金的清查一般是通过实地盘点的办法，出纳人员在监督人员的陪同下，对保险柜内的库存现金进行盘点，并填制账存与实存相比较的库存现金盘点报告表。

盘点库存现金时，应该注意现金结算纪律，并注意不能以不具有法律证明效力的白条充抵库存现金。

**表 9－1　库存现金盘点报告表**

××年×月×日

| 账存 | 实存 | 账存与实存对比 | | 备注 |
|---|---|---|---|---|
| | | 盘盈 | 盘亏 | |
| | | | | |
| | | | | |

出纳：　　　　　　　　　　监查：　　　　　　　　　　会计主管：

库存现金盘点结束，根据库存现金盘点报告表上的账存与实存的差异，应该查明原因，并依据查明的原因进行账务处理。

2. 银行存款

银行存款的清查一般是通过核对银行存款日记账和银行对账单，编制银行存款余额调节表来进行财产清查的。

银行存款日记账是核算单位登记的，反映核算单位在银行的存款户的增减变化的日记账。银行对账单是银行登记的并隔些时日送达核算单位的，用于与核算单位银行存款日记账进行对账的“账户”数据。因为两者登记的都是同一存款户（核算单位在银行的存款户）的增减变化，如果没有发生错账，两者对不上账的原因只能是未达账项的影响。

所谓未达账项是指因为结算和入账的原因，造成在对账日，银行存款日记账与银行对账单一方已入账，另一方面还未入账的账项。

如果对未达账项进行分类，主要可以分为四种类型：

（1）企收银未收（银行存款日记账已收到并入账，银行对账单未收到未入账）；

（2）企付银未付（银行存款日记账已支付并入账，银行对账单未支付未入账）；

（3）银收企未收（银行存款日记账未收到未入账，银行对账单已收到并入账）；

（4）银付企未付（银行存款日记账未支付未入账，银行对账单已支付并入账）。

核算单位在收到银行对账单时，出纳应该根据银行存款日记账和银行对账单的内容，编制银行存款余额调节表，按照调节的时间与调节项目之间的关系，编制银行存款余额调节表的过程与时间轴的关系如图 9－1 所示。

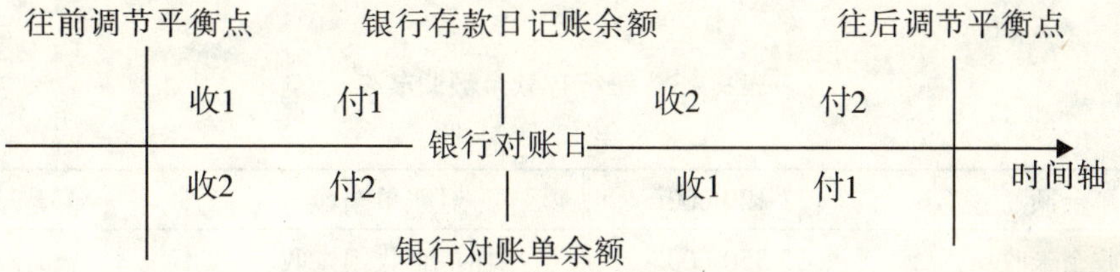


**图 9－1　银行存款余额调节示意图**

在“银行对账日”，“银行存款日记账余额”和“银行对账单余额”不一定能够相符，如果没有错账的话，一般是由于结算时间的因素造成的。怎样才能通过调节的办法让两者平衡呢？如果把上述四种未达账项依次标识为“收 1”、“付 1”、“收 2”、“付 2”，两者在“往前调节平衡点”的平衡等式就是：

银行存款日记账余额－收 1＋付 1＝银行对账单余额－收 2＋付 2　　（9.1）

不能说等式两边的结果即是“往前调节平衡点”的两者的实际余额，因为介于“往前调节平衡点”与“银行对账日”之间的时间段内，除了“收 1”、“付 1”、“收 2”、“付 2”等未达账项外，还会有一些已达账项。已达账项也会对两者的余额产生影响。

如果在“往后调节平衡点”进行调节平衡，则有等式：

银行存款日记账余额＋收 2－付 2＝银行对账单余额＋收 1－付 1　　（9.2）

（9.2）也可以通过（9.1）移项得到。等式（9.1）、（9.2）可以只移一项得到别的等式，只不过得到的等式不一定具有较为完整的时间意义和调节意义。

应该指出的是，在实务中的银行存款余额调节表一般是依据等式（9.2）编制出来的，格式如表 9－2 所示。

**表 9－2　银行存款余额调节表**

××年×月×日

| | | | |
|---|---|---|---|
| 日记账余额 | | 对账单余额 | |
| 加：银收企未收 | | 加：企收银未收 | |
| 减：银付企未付 | | 减：企付银未付 | |
| 调节后余额 | | 调节后余额 | |

［例9－1］　核算单位××年12月31日银行存款日记账余额是12 212万元，银行对账单余额是13 123万元；经核对，存在未达账项如下：

1. 12月30日，核算单位购买材料，开出转账支票一张，数额是109万元，接收支票的单位尚未到银行办理转账；

2. 12月30日，核算单位销售产品，收到转账支票一张，数额是122万元，核算单位尚未到银行办理入账手续；

3. 12月31日，银行代核算单位扣缴水电费111万元，核算单位尚未收到扣款通知；

4. 12月31日，银行收到核算单位的被投资单位分来的现金股利1 035万元，核算单位尚未收到入账通知。

表9－3　银行存款余额调节表

××年12月31日

| | | | |
|---|---|---|---|
| 日记账余额 | 122 120 000 | 对账单余额 | 131 230 000 |
| 加：银收企未收 | 10 350 000 | 加：企收银未收 | 1 220 000 |
| 减：银付企未付 | 1 110 000 | 减：企付银未付 | 1 090 000 |
| 调节后余额 | 131 360 000 | 调节后余额 | 131 360 000 |

## 二、往来账项的清查

债权债务问题存在着债权方和债务方，一方是债权人，另一方是债务人。属于拥有债权的一方是债权人，属于应该承担偿还债务义务的一方是债务人。在债权债务的清查中，往来账项容易发生坏账，因为往来账项主要是靠发生往来账项双方的信誉作为维系双方权利和义务的纽带，因此，债权债务的清查着重在往来账项的清查。

往来账项的清查主要采用函证的方式，即核算单位在某一时间发函给对方，以询求证实双方存在的债权债务数额，并要求对方回函。对方在核对正确后，应该回函给核算单位。

## 三、财产物资的清查

1. 存货

清楚存货的范围是存货清查的一个重要方面。存货主要包括核算单位用于生产产品的材料、用于销售的完工产品、用于包装的周转材料等，存货的主要特点是具有实物性，是核算单位的财产物资，进行清查时主要以实地盘点法和技术推算法为主。

从编制财务会计报告的角度，存货一般包括原材料仓库的原材料、委托给受托方加工的委托加工的物资、库存商品仓库的库存商品、发出商品、寄存在外的商品、放在门市部的商品等、周转材料、生产过程中的在产品、仍在途中的在途物资等。

从会计核算的角度，存货涉及的账户可能有：材料采购、在途物资、原材料、材料成本差异、库存商品、发出商品、商品进销差价、委托加工物资、周转材料、存货跌价准备、生产成本、制造费用等。

对存货的清查结束，应该填制存货盘点报告表，发生盘盈、盘亏，应该查明原因，待批准后进行相应的账务处理。表9－4是存货盘点报告表。

表9－4　存货盘点报告表

| 会计科目编码 | 存货编码 | 存货规格名称 | 计量单位 | 单价 | 数量 | | 金额 | 备注 |
|---|---|---|---|---|---|---|---|---|
| | | | | | 盘盈 | 盘亏 | | |
| | | | | | | | | |
| | | | | | | | | |
| | | | | | | | | |

盘点人：　　　　　　　　　　　监查：　　　　　　　　　　　仓库负责人：

2. 固定资产

固定资产的清查对象主要是核算单位应该入账的各种固定资产，包括房屋建筑物、生产过程中的机器设备、生产过程中的价值较大的工具器具等。已作为投资性房地产入账的财产物资也可以像固定资产的清查过程一样进行财产清查（这里不再举例）。

固定资产的清查方法主要以实地盘点法为主，因为固定资产一般具有“个”、“件”、“幢”等特点，一般不具有“立方”容积计量单位的特点，且在使用过程中一般不会改变固定资产的外观，因此，清查方法与某些存货的清查方法不同，存货的清查方法中可能存在以容积等计量单位进行计量的技术推算法等。

对固定资产的清查结束，应该编制固定资产盘点报告表，发生盘盈、盘亏，应该查明原因，待批准后进行相应的账务处理。

# 第三节　财产清查账务处理

对于财产清查结果的账务处理，《企业会计准则》中专门有一会计科目（账户），用于对财产清查结果的处理——“待处理财产损溢”，该会计账户有两个明细分类核算账户——“待处理流动资产损溢”和“待处理固定资产损溢”。

对于财产清查结果的账务处理，一般主要分为两个步骤进行：第一，在财产清查完毕，有了财产清查结果，但还未查明原因时，将账存与实存的差异计入“待处理财产损溢”账户；第二，待查明原因后，将“待处理财产损溢”账户的数额计入相应的账户，结转完后，“待处理财产损溢”账户中应该没有数额。

## 一、货币资金清查结果的账务处理

1. 库存现金

对于库存现金的清查结果，应该编制库存现金盘点报告表，根据库存现金盘点报告表，进行相应的账务处理。主要有两种情况需要进行账务处理，一是盘盈，对于盘盈的库存现金，先进入“待处理财产损溢”账户，等待查明原因。如果盘盈的库存现金是应该支付给单位或个人的款项，应该计入“其他应付款”。对于难以确定支付对象的盘盈的库存现金，应该计入“营业外收入”。二是盘亏，对于盘亏的库存现金，先进入“待处理财产损溢”账户，等待查明原因。对于应该由责任单位或个人赔偿的部分，应该计入“其他应收款”账户；对于难以查明原因的，应该计入“管理费用”账户。

［**例** 9-2］　核算单位对库存现金进行盘点，发现盘盈库存现金 20 元。

对库存现金的财产清查结果，应先编制“库存现金盘点报告表”（略）。对于盘盈的库存现金，应先进入“待处理财产损溢——待处理流动资产损溢”账户，等待查明原因。

借：库存现金　　20

　贷：待处理财产损溢——待处理流动资产损溢　　20

盘盈的库存现金原因查明，发现是应支付给刘××的，经批准，进入“其他应付款”账户；

借：待处理财产损溢——待处理流动资产损溢　　20

　贷：其他应付款——刘××　　20

如果盘盈的库存现金难以查明原因，经批准，进入“营业外收入”。

借：待处理财产损溢——待处理流动资产损溢　　20

　贷：营业外收入　　20

［**例** 9-3］　核算单位对库存现金进行盘点，发现盘亏库存现金 20 元。

对库存现金的财产清查结果，应先编制“库存现金盘点报告表”（略）。对于盘亏的库存现金，应先进入“待处理财产损溢——待处理流动资产损溢”账户，等待查明原因。

借：待处理财产损溢——待处理流动资产损溢　　20

　贷：库存现金　　20

盘亏的库存现金原因查明，发现是在退还××单位的押金时，多给付了 20 元；经批准，进入“其他应收款”账户；

借：其他应收款——××单位　　20

　贷：待处理财产损溢——待处理流动资产损溢　　20

如果盘亏的库存现金难以查明原因，经批准，进入“管理费用”。

借：管理费用　　20

　贷：待处理财产损溢——待处理流动资产损溢　　20

2. 银行存款

对银行存款的清查结果的处理，一般是编制前面所述的银行存款余额调节表。需要说明的是，银行存款余额调节表不能作为调整会计账户的依据，不能据以登记会计账簿，银行存款余额调节表调节后的余额既不是核算单位银行存款户对应于某个时刻点的实际余额，也不是银行存款日记账的实际余额或银行对账单的实际余额。

## 二、往来账项清查结果的账务处理

对于往来账项的清查结果，除了发生纠纷的账项外，对于核算单位与对方之间数额存在差异的且核算单位的数额不准确的，可以在查明原因之前，计入“待处理财产损溢”账户，待查明原因后再进行相应的处理。对于核算单位确实无法收回的应收账款，符合坏账条件的，可以按照坏账损失予以转销（具体转销时，会因核算单位是实行直接转销法还是备抵法有所不同。这里假设核算单位是通过“坏账准备”账户进行核算）。对于核算单位确实无法支付的应付账款，应计入“营业外收入”账户（也可以先进入“待处理财产损溢”，待查明原因，确实无法支付，并经过批准，再进入“营业外收入”账户）。

[**例** 9-4]　核算单位对往来账项进行清查，发现应收××单位的销货款 10 万元，经过函证而杳无音信，已超过坏账损失规定的时间条件，经批准作为坏账损失。

借：坏账准备　　100 000

　贷：应收账款——××单位　　100 000

或先进入“待处理财产损溢——待处理流动资产损溢”；

借：待处理财产损溢——待处理流动资产损溢　　100 000

　贷：应收账款——××单位　　100 000

经批准，作为坏账损失。

借：坏账准备　　100 000

　贷：待处理财产损溢——待处理流动资产损溢　　100 000

[**例** 9-5]　核算单位对往来账项进行清查，发现应支付给××单位的购货款 10 万元，因该单位已经撤销，确实无法支付，经批准，进入“营业外收入”。

借：应付账款——××单位　　100 000

　贷：营业外收入　　100 000

或先进入“待处理财产损溢——待处理流动资产损溢”；

借：应付账款——××单位　　100 000

　贷：待处埋财产损溢——待处理流动资产损溢　　100 000

经批准，进入“营业外收入”。

借：待处理财产损溢——待处理流动资产损溢　　100 000

　贷：营业外收入　　100 000

## 三、财产物资清查结果的账务处理

1. 存货

对于存货的财产清查结果，在编制好“存货盘点报告表”的同时，对于盘盈的存货，应该计入“待处理财产损溢”账户，待查明原因后，冲减“管理费用”账户或进入“营业外收入”账户；对于盘亏的存货，应计入“待处理财产损溢”账户，待查明原因后，属于定额内的，进入“管理费用”账户，属于定额外的，应该由保险公司或责任人赔偿的，进入“其他应收款”账户。属于自然灾害发生损失的，除保险公司或责任人赔偿部分应计入“其他应收款”账户外，应该进入“营业外支出”账户（有时还要考虑“进项税额转出”的问题）。

［**例 9－6**］　核算单位对存货进行盘点，发现盘盈 A 材料 2 吨，单价 100 元/吨（核算单位采用实际成本法核算），原因待查。

对存货的财产清查结果，应先编制“存货盘点报告表”（略）。对于盘盈的存货，应先进入“待处理财产损溢——待处理流动资产损溢”账户，等待查明原因，再作进一步的处理。

借：原材料——A 材料　　200

　贷：待处理财产损溢——待处理流动资产损溢　　200

盘盈 A 材料的原因查明，发现是因改变存储方法造成的，经批准，冲减“管理费用”账户；

借：待处理财产损溢——待处理流动资产损溢　　200

　贷：管理费用　　200

［**例 9－7**］　核算单位对存货进行盘点，发现盘亏 A 材料 2 吨，单价 100 元/吨（核算单位采用实际成本法核算），原因待查。

对存货的财产清查结果，应先编制“存货盘点报告表”（略）。对于盘亏的存货，应先进入“待处理财产损溢——待处理流动资产损溢”账户，等待查明原因，再作进一步的处理。

借：待处理财产损溢——待处理流动资产损溢　　200

　贷：原材料——A 材料　　200

盘亏 A 材料的原因查明，发现是属于定额内的损耗，经批准，进入“管理费用”账户；

借：管理费用　　200

　贷：待处理财产损溢——待处理流动资产损溢　　200

如果盘亏 A 材料原因查明，发现是属于库××的责任，经批准，进入“其他应收款”账户；

借：其他应收款——库××　　200

　贷：待处理财产损溢——待处理流动资产损溢　　200

2. 固定资产

对于固定资产的财产清查结果，在编制好“固定资产盘点报告表”的同时，对于盘盈的固定资产，应该计入“待处理财产损溢”账户，待查明原因后，属于以前年度的，可以进入“以前年度损益调整”账户，属于当年度的，可以进入“营业外收入”账户（盘盈的固定资产也可以在经批准后，不经过“待处理财产损溢”账户）；对于盘亏的固定资产，除应该由保险公司或责任人赔偿部分计入“其他应收款”账户外，应该计入“营业外支出”账户。

[例 9－8]　核算单位对固定资产进行盘点，发现盘盈机器设备一台，重置价值 100 万元，七成新，经批准，进入“以前年度损益调整”。

对固定资产的财产清查结果，应先编制“固定资产盘点报告表”（略）。对于盘盈的固定资产，以前年度的，应进行账务处理。

借：固定资产　　700 000

　　贷：以前年度损益调整　　700 000

或先进入“待处理财产损溢——待处理固定资产损溢”账户，等待查明原因，再作进一步的处理。

借：固定资产　　700 000

　　贷：待处理财产损溢——待处理固定资产损溢　　700 000

原因查明，经批准，进入“以前年度损益调整”账户。

借：待处理财产损溢——待处理固定资产损溢　　700 000

　　贷：以前年度损益调整　　700 000

[例 9－9]　核算单位对固定资产进行盘点，发现盘亏机器设备一台，账面价值 100 万元，已计提折旧 30 万元，原因待查。

对固定资产的财产清查结果，应先编制“固定资产盘点报告表”（略）。对于盘亏的固定资产，应先进入“待处理财产损溢——待处理固定资产损溢”账户。

借：待处理财产损溢——待处理固定资产损溢　　700 000

　　累计折旧　　300 000

　　贷：固定资产　　1 000 000

机器设备盘亏的原因查明，经批准，进入“营业外支出”账户。

借：营业外支出　　7 000 000

　　贷：待处理财产损溢——待处理固定资产损溢　　7 000 000

## 复习思考题

1. 为什么要进行财产清查?
2. 实地盘存制和永续盘存制各有什么要求?
3. 财产清查的种类有哪些?
4. 库存现金盘点报告表包含哪些内容?
5. 什么是未达账项?银行对账的四种未达账项包括哪些?
6. 存货盘点报告表包含哪些内容?
7. 固定资产盘点的特点是什么?
8. 库存现金的清查结果的账务处理是怎样的?
9. 往来账项清查结果的账务处理是怎样的?
10. 存货清查结果的账务处理是怎样的?
11. 固定资产清查结果的账务处理是怎样的?

## 练习题

### 一、单项选择题

1. 永续盘存制又称为（　　）。
   A. 实地盘存制　　B. 账面盘存制
   C. 定期盘存制　　D. 没有别称
2. 实地盘存制又称为（　　）。
   A. 实地盘存制　　B. 账面盘存制
   C. 定期盘存制　　D. 没有别称
3. 实地盘存制平时不登记（　　）。
   A. 增加数　　B. 减少数
   C. 增加数和减少数　　D. 增加数或减少数
4. 根据库存现金的盘点结果应该编制（　　）。
   A. 库存现金盘点报告表　　B. 存货盘点报告表
   C. 银行存款余额调节表　　D. 资产负债表
5. 造成未达账项的原因是（　　）。
   A. 错账
   B. 因结算时间的原因，造成银行存款日记账和银行对账单一方面已入账，另一方未入账
   C. 因结算时间的原因，造成银行存款日记账和银行对账单两方都已入账
   D. 因结算时间的原因，造成银行存款日记账和银行对账单两方都未入账

## 二、多项选择题

1. 在财产清查中，可以依据（　　）调整账存数额。
   A. 库存现金盘点报告表　　B. 存货盘点报告表
   C. 银行存款余额调节表　　D. 资产负债表
2. 按照财产清查的范围来分，可以分为（　　）。
   A. 全面清查　　B. 定期清查
   C. 局部清查　　D. 不定期清查
3. 按照财产清查的时间来分，可以分为（　　）。
   A. 全面清查　　B. 定期清查
   C. 局部清查　　D. 不定期清查
4. 全面清查可能发生在（　　）。
   A. 年终结算前　　B. 撤销、合并及改变隶属关系
   C. 更换出纳　　D. 清产核资、摸清家底
5. 不定期清查可能发生在（　　）。
   A. 更换有关人员　　B. 自然灾害
   C. 临时性的清产核资　　D. 撤销、合并或改变隶属关系

## 三、业务题

（一）编制银行存款余额调节表

某单位××年12月31日银行存款日记账余额是323万元，银行对账单余额是297万元；经核对，存在以下未达账项：

1. 12月30日，核算单位购买办公用品，开出现金支票一张，数额是200万元，接收支票的单位尚未到银行办理；

2. 12月30日，核算单位销售产品，收到转账支票一张，数额是233万元，核算单位尚未到银行办理入账手续；

3. 12月31日，银行代核算单位扣缴电话费105万元，核算单位尚未收到扣款通知；

4. 12月31日，银行收到核算单位的客户支付的购货款112万元，核算单位尚未收到入账通知。

（二）账务处理

1. 某位对库存现金进行盘点，发现盘亏库存现金20元；经查明原因，发现是××在报销差旅费时，多支付了20元。

2. 核算单位对存货进行盘点，发现盘亏B材料1吨，单价200元/吨（核算单位采用实际成本核算）；后经查明原因，盘亏的B材料是属于定额内的损耗。

# 第十章　财务会计报告

## 第一节　财务会计报告概述

### 一、财务会计报告概述

按照会计准则制度的规定，核算单位应该定期编制会计报表。2007 年 1 月 1 日的《企业会计准则》规定，企业应该编制财务会计报告。财务会计报告是企业对外提供的反映某一特定日期财务状况、一定时期经营成果、现金流量的书面文件。为了能够给会计信息需要者提供符合规定的会计信息，核算单位应该按照规定编制财务会计报告。

财务会计报告包括会计报表、会计报表附注、财务情况说明书三部分（有的将“会计报表”和“会计报表附注”合成一部分，则财务会计报告包括两部分）。按照时间来分，财务会计报告有中期财务会计报告和年度财务会计报告之分，年度财务会计报告是会计年度终了时核算单位编制的年度财务会计报告，中期财务会计报告是月度、季度、半年等核算单位编制的财务会计报告。

就会计报表来说，中期财务会计报告一般至少应该包括资产负债表、利润表、现金流量表等会计报表；年度财务会计报告至少应该包括资产负债表、利润表、现金流量表、所有者权益变动表等会计报表。

会计报表附注是对会计报表中的有关报表项目的注释，或没有包括在会计报表中但应该给予适当说明的附注。

财务情况说明书是用文字描述形式、数字分析形式、图表反映形式等对企业的财务状况、经营成果以及现金流量等进行说明的文件。财务情况说明书应该就资产、债、所有者权益，利润的实现和分配，资金流量变化和运用，所有者权益变动以及涉及财务状况、利润、现金流量等方面的说明。

## 二、财务会计报告的作用

1. 财务会计报告能够提供多方面的会计信息

财务会计报告是按照规定编制报送的财务会计报告，这些财务会计报告的格式、内容以及编制方法等都是经过了一定的设计和完善过程，因此，具有科学性和系统性，能够提供多方面的会计信息，能够满足会计信息需要者的需要。

2. 财务会计报告也能够为内部管理提供会计信息

尽管财务会计报告是对外报送的，但并不是说这些会计信息不能够用于内部管理者的管理、决策过程，因为内部管理者应该从多视角来看核算单位的现状和发展，因此，内部管理者不仅从内部会计报表吸取会计信息，也从财务会计报告中吸取会计信息。只有这样，内部管理者站在不同角度来进行分析，内部管理者才有可能得到更符合核算单位现状和发展的管理、决策结论。

3. 财务会计报告能够为政府机构决策提供会计信息

核算单位的财务会计报告一般也报送到政府机构，政府机构一般需要对各核算单位的财务会计报告进行汇总，尽管汇总的过程一般主要是对核算单位的财务会计报告进行简单加总的过程，但通过汇总，能够得到政府机构需要的有关信息，以便进行决策。

# 第二节　资产负债表的编制

## 一、资产负债表概述

资产负债表是核算单位编制的反映某一特定日期核算单位财务状况的会计报表。因为是某一特定日期的，即实际上是时刻点的，因此是静态会计报表。

资产负债表按列报的形式分，可以分为账户式资产负债表和报告式资产负债表。报告式的资产负债表不分为左右两边进行列示；账户式资产负债表分左右两边列示，左边列示的余额主要是利用与资产会计要素有关的会计账户的数额填列的，右边列示的余额主要是利用负债和所有者权益会计要素有关的会计账户的数额填列的。会计准则制度规定的资产负债表是账户式的资产负债表，具体格式如表 10 - 1 所示。

资产负债表的左边“资产”主要是依据资产的流动性来进行排列的，前半部分是“流动资产”，后半部分是“非流动资产”。资产负债表的右边“负债及所有者权益（股东权益）”中的负债主要是按照负债的流动性来排列的，右边的前些部分是“流动负债”，中间部分是“非流动负债”；后面部分是“所有者权益（股东权益）”。

从列报的会计等式来看，主要依据的是“资产 = 负债 + 所有者权益”，因此，资产负债表的两边总计数额应该是平衡的。

## 二、资产负债表编制方法

资产负债表的“资产”和“负债及所有者权益（股东权益）”各有两栏数额需要填列，即“年初余额”和“期末余额”。“年初余额”一般是来自上一会计年度资产负债表的年末余额。也正是因为“资产＝负债＋所有者权益”会计等式是一个时点等式，在会计核算中与时点相联系的会计账户数额一般是余额，因此，填列资产负债表一般是用会计账户的余额。

**表 10－1　资产负债表**

资产负债表

会企：01 表

编制单位：　　　　　　　　＿＿年＿＿月＿＿日　　　　　　　　单位：元

| 资产 | 期末余额 | 年初余额 | 负债和所有者权益（或股东权益） | 期末余额 | 年初余额 |
|---|---|---|---|---|---|
| 流动资产： | | | 流动负债： | | |
| 货币资金 | | | 短期借款 | | |
| 交易性金融资产 | | | 交易性金融负债 | | |
| 应收票据 | | | 应付票据 | | |
| 应收账款 | | | 应付账款 | | |
| 预付款项 | | | 预收款项 | | |
| 应收利息 | | | 应付职工薪酬 | | |
| 应收股利 | | | 应交税费 | | |
| 其他应收款 | | | 应付利息 | | |
| 存货 | | | 应付股利 | | |
| 一年内到期的非流动资产 | | | 其他应付款 | | |
| 其他流动资产 | | | 一年内到期的非流动负债 | | |
| 流动资产合计 | | | 其他流动负债 | | |
| 非流动资产： | | | 流动负债合计 | | |
| 可供出售金融资产 | | | 非流动负债： | | |
| 持有至到期投资 | | | 长期借款 | | |
| 长期应收款 | | | 应付债券 | | |
| 长期股权投资 | | | 长期应付款 | | |
| 投资性房地产 | | | 专项应付款 | | |
| 固定资产 | | | 预计负债 | | |

（续上表）

| 资产 | 期末余额 | 年初余额 | 负债和所有者权益（或股东权益） | 期末余额 | 年初余额 |
|---|---|---|---|---|---|
| 在建工程 | | | 递延所得税负债 | | |
| 工程物资 | | | 其他非流动负债 | | |
| 固定资产清理 | | | 非流动负债合计 | | |
| 生产性生物资产 | | | 负债合计 | | |
| 油气资产 | | | 所有者权益（或股东权益）： | | |
| 无形资产 | | | 实收资本（或股本） | | |
| 开发支出 | | | 资本公积 | | |
| 商誉 | | | 减：库存股 | | |
| 长期待摊费用 | | | 盈余公积 | | |
| 递延所得税资产 | | | 未分配利润 | | |
| 其他非流动资产 | | | 所有者权益（或股东权益）合计 | | |
| 非流动资产合计 | | | | | |
| 资产总计 | | | 负债和所有者权益（或股东权益）总计 | | |

在资产负债表的报表项目中，为了提供各种会计信息，资产负债表中的会计报表项目并不是与会计账户完全对应，需要按照规定的填列方法来进行填列。概括起来，用会计账户的余额填列资产负债表，主要包括这样几种填列方法：

（1）根据总账账户的余额直接填列。

有的报表项目是根据总账账户的余额直接填列的，这些报表项目的名称一般与总账账户的名称相同，如“短期借款”、“资本公积”等；有些报表项目虽与总账账户的名称相同，但不属于这种填列方法，例如，“应收账款”、“应付账款”、“固定资产”、“无形资产”等。

（2）根据几个总账账户的余额计算填列。

有的报表项目是根据几个总账账户的余额计算填列的，从意义上来说，这些报表项目一般包括了几个总账账户的核算内容。例如，对于工业企业，“货币资金”主要包括库存现金、银行存款、其他货币资金，因此，在填列资产负债表“货币资金”报表项目时，应该按照“库存现金”、“银行存款”、“其他货币资金”总账账户的余额合计填列；类似的还有“存货”报表项目，应该根据“在途物资”（或“材料采购”和“材料成本差异”）、“原材料”、“库存商品”、“发出商品”、“委托加工物资”、“周转材料”、“存货跌价准备”、“生产成本”、“制造费用”等会计账户进行填列。

（3）根据总账相应的明细分类账户的余额分析填列。

对于一些总账相应的明细分类账户，因为合并会计账户等原因，造成明细分类账户的余额可能出现在“非常规”的另一方。例如，“应收账款——K单位”一般常规余额方向是“借方余额”，但如果出现的是“贷方余额”，则实际意义发生了变化，因此，填制资产负债表应该依照一定的要求进行。

例如，“应收账款”——“预收账款”、“应付账款”——“预付账款”等各是一对会计账户，在填制资产负债表时，如果“应收账款”的明细分类账户中有贷方余额的，应该在“预收账款”中填列；如果“预收账款”的明细分类账户中有借方余额的，应该在“应收账款”中填列；如果“应付账款”的明细分类账户中有借方余额的，应该在“预付账款”中填列；如果“预付账款”的明细分类账户中有贷方余额的，应该在“应付账款”中填列。

（4）根据主账户与附属账户的余额计算填列。

在资产类会计账户中，有许多附属账户，如坏账准备、材料成本差异、存货跌价准备、持有至到期投资减值准备、长期股权投资减值准备、固定资产减值准备、累计折旧、无形资产减值准备等，这些附属会计账户一般要与相应的主账户或主账户所在的报表项目填列在一起。例如，坏账准备应与应收账款填列在一起；固定资产减值准备、累计折旧应填列在固定资产报表项目中等。

（5）根据总账对应的明细分类账户的余额按照时间分析填列。

资产负债表中，有两个报表项目是要注意时间变化的，“一年内到期的非流动资产”和“一年内到期的非流动负债”，这两个报表项目随时间变化是指，相应的非流动资产会计账户、非流动负债会计账户随着时间的发展，意义会发生改变。例如，有一项“长期借款”是2011年1月1日借款的，借款期5年，在2011年填列资产负债表时，该项“长期借款”肯定是“非流动负债”，但若是到2015年时，填列资产负债表时就要注意，因为该项“长期借款”很可能要在不到一年的时间内还款，因此，性质实际上发生了改变，已变成了“流动负债”，填列资产负债表时，应该填列到“一年内到期的非流动负债”内，不应该再填列到“非流动负债”的“长期借款”内。

［**例10－1**］　已知某核算单位2010年的年末余额如表10－2所示，请填列资产负债表（年初数略）。

**表10－2　某核算单位会计账户的年末余额**

| 账户名称 | 借方余额 | 账户名称 | 贷方余额 |
|---|---|---|---|
| 库存现金 | 8 550 | 短期借款 | 2 000 000 |
| 银行存款 | 11 263 010 | 应付账款 | 5 000 000 |
| 应收账款 | 5 200 000 | ——P单位 | 2 000 000 |
| ——K单位 | 2 200 000 | ——Q单位 | 3 000 000 |
| ——L单位 | 3 000 000 | 预收账款 | 3 000 000 |
| 坏账准备 | －1 560 | ——R单位 | －2 000 080 |
| 预付账款 | 2 000 000 | ——S单位 | 5 000 080 |
| ——M单位 | 3 500 000 | 应交税费 | 200 000 |
| ——N单位 | －1 500 000 | | |

（续上表）

| 账户名称 | 借方余额 | 账户名称 | 贷方余额 |
|---|---|---|---|
| 原材料 | 2 000 000 | | |
| 材料成本差异 | 30 000 | 实收资本 | 30 000 000 |
| 库存商品 | 10 000 000 | 资本公积 | 3 000 000 |
| 固定资产 | 50 000 000 | 盈余公积 | 3 000 000 |
| 累计折旧 | -30 000 000 | 本年利润 | 5 000 000 |
| 生产成本 | 1 000 000 | 利润分配 | 300 000 |
| 资产总计 | 51 500 000 | 负债及所有者权益总计 | 51 500 000 |

资产负债表的编制结果见表 10－3 所示。

**表 10－3　某核算单位的资产负债表**

资产负债表

会企业 01 表

编制单位：　　　　2010 年12 月31 日　　　　单位：元

| 资产 | 期末余额 | 年初余额 | 负债和所有者权益（或股东权益） | 期末余额 | 年初余额 |
|---|---|---|---|---|---|
| 流动资产： | | | 流动负债： | | |
| 货币资金 | 11 271 560 | | 短期借款 | 2 000 000 | |
| 交易性金融资产 | | | 交易性金融负债 | | |
| 应收票据 | | | 应付票据 | | |
| 应收账款 | 7 198 520 | | 应付账款 | 6 500 000 | |
| 预付款项 | 3 500 000 | | 预收款项 | 5 000 080 | |
| 应收利息 | | | 应付职工薪酬 | | |
| 应收股利 | | | 应交税费 | 200 000 | |
| 其他应收款 | | | 应付利息 | | |
| 存货 | 13 030 000 | | 应付股利 | | |
| 一年内到期的非流动资产 | | | 其他应付款 | | |
| 其他流动资产 | | | 一年内到期的非流动负债 | | |
| 流动资产合计 | 35 000 080 | | 其他流动负债 | | |
| 非流动资产： | | | 流动负债合计 | 13 700 080 | |
| 可供出售金融资产 | | | 非流动负债： | | |
| 持有至到期投资 | | | 长期借款 | | |
| 长期应收款 | | | 应付债券 | | |

（续上表）

| 资产 | 期末余额 | 年初余额 | 负债和所有者权益（或股东权益） | 期末余额 | 年初余额 |
|---|---|---|---|---|---|
| 长期股权投资 | | | 长期应付款 | | |
| 投资性房地产 | | | 专项应付款 | | |
| 固定资产 | 20 000 000 | | 预计负债 | | |
| 在建工程 | | | 递延所得税负债 | | |
| 工程物资 | | | 其他非流动负债 | | |
| 固定资产清理 | | | 非流动负债合计 | | |
| 生产性生物资产 | | | 负债合计 | | |
| 油气资产 | | | 所有者权益（或股东权益）： | | |
| 无形资产 | | | 实收资本（或股本） | 30 000 000 | |
| 开发支出 | | | 资本公积 | 3 000 000 | |
| 商誉 | | | 减：库存股 | | |
| 长期待摊费用 | | | 盈余公积 | 3 000 000 | |
| 递延所得税资产 | | | 未分配利润 | 5 300 000 | |
| 其他非流动资产 | | | 所有者权益（或股东权益）合计 | | |
| 非流动资产合计 | 20 000 000 | | | | |
| 资产合计 | 55 000 080 | | 负债和所有者权益（或股东权益）总计 | 55 000 080 | |

# 第三节　利润表的编制

## 一、利润表概述

利润表是核算单位编制的反映一定时期核算单位经营成果的会计报表。因为是一定时期的，即实际上是时期报表，因此，是动态会计报表。

利润表按列报的形式分，可以分为单步式利润表和多步式利润表。单步式利润表仅根据收入和费用进行计算利润并列示，因此，难以看出详细信息；多步式利润表分多个计算步骤进行计算并列示。会计准则制度规定的利润表是多步式利润表，具体格式如表10－4所示。

表 10－4　利润表

利润表

会企：02 表

编制单位：　　　　　　　　　　　年　月　　　　　　　　　　　单位：元

| 项目 | 本期金额 | 上期金额 |
| --- | --- | --- |
| 一、营业收入 | | |
| 减：营业成本 | | |
| 营业税金及附加 | | |
| 销售费用 | | |
| 管理费用 | | |
| 财务费用 | | |
| 资产减值损失 | | |
| 加：公允价值变动收益（损失以“－”号填列） | | |
| 投资收益（损失以“－”号填列） | | |
| 其中：对联营企业和合营企业的投资收益 | | |
| 二、营业利润 | | |
| 加：营业外收入 | | |
| 减：营业外支出 | | |
| 其中：非流动资产处置损失 | | |
| 三、利润总额（亏损总额以“－”号填列） | | |
| 减：所得税费用 | | |
| 四、净利润（净亏损以“－”号填列） | | |
| 五、每股收益： | | |
| （一）基本每股收益 | | |
| （二）稀释每股收益 | | |

从列报的会计等式来看，主要依据的是“收入－费用＝利润”，因此，主要依据损益类会计账户来进行计算填列。因为是多步式利润表，因此，利润表分几步进行计算并列示，具体的计算步骤过程：

1. 营业利润＝营业收入－营业成本－营业税金及附加－销售费用－管理费用－财务费用－资产减值损失＋公允价值变动收益（“损失”以“－”号参与计算）＋投资收益（“损失”以“－”号参与计算）

2. 利润总额＝营业利润＋营业外收入－营业外支出

3. 净利润＝利润总额－所得税费用

式中，“营业收入”包括主营业务收入和其他业务收入，“营业成本”包括主营业务成本和其他业务成本。

## 二、利润表编制方法

一般是根据会计账户的发生额来填列利润表的，这与利润表是时期会计报表相符。利润表填列时，主要依据的是损益类的会计账户的借方贷方发生额，在分析损益类会计账户的借方贷方发生额时，注意区分发生额中结转到“本年利润”的发生额。因为损益类的会计账户在结转到“本年利润”会计账户后，借方贷方发生额相同，没有余额，因此，在分析发生额时，应该剔除结转到“本年利润”会计账户的数额来进行分析填列。有时也可以按照结转到“本年利润”会计账户的数额来分析填列。

［**例 10－2**］　已知某核算单位 2010 年 2 月份损益类会计账户在结转到“本年利润”之前的借贷方发生额差额如表 10－5 所示，则可填列利润表如表 10－6。

**表 10－5　结转到本年利润前各损益类会计账户的借贷方发生额差额表**

| 会计账户名称 | 借方差额 | 会计账户名称 | 贷方差额 |
|---|---|---|---|
| 主营业务成本 | 2 000 000 | 主营业务收入 | 5 500 000 |
| 其他业务成本 | 50 000 | 其他业务收入 | 100 000 |
| 营业税金及附加 | 300 000 | 营业外收入 | 50 000 |
| 管理费用 | 500 000 | 投资收益 | 0 |
| 财务费用 | 100 000 | | |
| 销售费用 | 200 000 | | |
| 营业外支出 | 100 000 | | |
| 资产减值损失 | 100 000 | | |
| 所得税费用 | 575 000 | | |

“营业外支出”中没有“非流动资产处置损失”，只有普通股 100 万股。

**表 10－6　某核算单位的利润表**

利润表

会企：02 表

编制单位：　　　　2010 年 2 月　　　　单位：元

| 项目 | 本期金额 | 上期金额 |
|---|---|---|
| 一、营业收入 | 5 600 000 | （略） |
| 减：营业成本 | 2 050 000 | |
| 营业税金及附加 | 300 000 | |
| 销售费用 | 200 000 | |
| 管理费用 | 500 000 | |

（续上表）

| 项目 | 本期金额 | 上期金额 |
|---|---|---|
| 财务费用 | 100 000 | |
| 资产减值损失 | 100 000 | |
| 加：公允价值变动收益（损失以“－”号填列） | 0 | |
| 投资收益（损失以“－”号填列） | 0 | |
| 其中：对联营企业和合营企业的投资收益 | 0 | |
| 二、营业利润 | 2 350 000 | |
| 加：营业外收入 | 50 000 | |
| 减：营业外支出 | 100 000 | |
| 其中：非流动资产处置损失 | 0 | |
| 三、利润总额（亏损总额以“－”号填列） | 2 300 000 | |
| 减：所得税费用 | 575 000 | |
| 四、净利润（净亏损以“－”号填列） | 1 725 000 | |
| 五、每股收益： | | |
| （一）基本每股收益 | 1.725 | |
| （二）稀释每股收益 | 1.725 | |

# 第四节　现金流量表和所有者权益变动表的编制

## 一、现金流量表概述

现金流量表是核算单位编制的反映某一时期核算单位现金流量的会计报表。因为是某一时期的，即实际上主要是与时期有关的，因此，是动态会计报表。为什么说主要是与时期有关的呢？因为在现金流量表的表式中，有个别的会计报表项目也是时刻点的量，但因为更多的会计报表项目是时期的量，因此，仍认为现金流量表是动态会计报表。现金流量表除了需要填制主表外、还要填制补充资料（附表）等部分。主表的具体格式如表 10－7 所示。

表 10－7　现金流量表的主表部分

现金流量表

会企：03 表

编制单位：　　　　　　　　　　　　＿＿＿＿年＿月　　　　　　　　　　　　单位：元

| 项目 | 本期金额 | 上期金额 |
|---|---|---|
| | | |
| 一、经营活动产生的现金流量： | | |
| 销售商品、提供劳务收到的现金 | | |
| 收到的税费返还 | | |
| 收到其他与经营活动有关的现金 | | |
| 经营活动现金流入小计 | | |
| 购买商品、接受劳务支付的现金 | | |
| 支付给职工以及为职工支付的现金 | | |
| 支付的各项税费 | | |
| 支付其他与经营活动有关的现金 | | |
| 经营活动现金流出小计 | | |
| 经营活动产生的现金流量净额 | | |
| 二、投资活动产生的现金流量： | | |
| 收回投资收到的现金 | | |
| 取得投资收盏收到的现金 | | |
| 处置固定资产、无形资产和其他长期资产收回的现金净额 | | |
| 处置子公司及其他营业单位收到的现金净额 | | |
| 收到其他与投资活动有关的现金 | | |
| 投资活动现金流入小计 | | |
| 购建固定资产、无形资产和其他长期资产支付的现金 | | |
| 投资支付的现金 | | |
| 取得子公司及其他营业单位支付的现金净额 | | |
| 支付其他与投资活动有关的现金 | | |
| 投资活动现金流出小计 | | |
| 投资活动产生的现金流量净额 | | |
| 三、筹资活动产生的现金流量： | | |
| 吸收投资收到的现金 | | |
| 取得借款收到的现金 | | |
| 收到其他与筹资活动有关的现金 | | |
| 筹资活动现金流入小计 | | |
| 偿还债务支付的现金 | | |
| 分配股利、利润或偿付利息支付的现金 | | |
| 支付其他与筹资活动有关的现金 | | |

（续上表）

| | | |
|---|---|---|
| 筹资活动现金流出小计 | | |
| 筹资活动产生的现金流量净额 | | |
| 四、汇率变动对现金及现金等价物的影响 | | |
| 五、现金及现金等价物净增加额 | | |
| 加期初现金及现金等价物余额 | | |
| 六、期末现金及现金等价物余额 | | |

## 二、现金流量表编制方法

现金流量表中的“现金”是指库存现金、银行存款、其他货币资金以及短于三个月能够变现的有价证券。因为核算单位编制现金流量表的目的，主要是“现金”的支付能力最强，在生产经营等活动中是最受欢迎的交换媒介，因此，编制现金流量表能够清楚核算单位的与“现金”相关的主要资金的周转状况，能够为进行各种经济活动做好充分的准备。

现金流量表主表的编制方法一般采用的是直接法，主要根据会计分录来“直接”进行填制，即将该段时期内的会计分录逐一按照“现金”的范围，在相应的报表项目内加计；如果将所有的会计分录都这样加计完毕，则现金流量表主表即填制完毕。对现金流量表主表的填制方法具有填制直接、填制依据具体等特点。

例如，一项经济业务的会计分录是：

借：银行存款　　11 700

　贷：主营业务收入　　10 000

　　　应交税费——应交增值税（销项税额）　　1 700

在这个会计分录中，只有“银行存款”是属于现金流量表的“现金”范围的，因此，“银行存款”的数额应该填入到现金流量表主表中，具体填入哪个报表项目，应该依据经济业务的性质来进行判断，该例中应该属于“销售商品、提供劳务收到的现金”，因此，应该将 11 700 元加计到“销售商品、提供劳务收到的现金”报表项目中。

在实务中，为了防止发生差错，可以将上述过程变换为可以复查的过程，将上述过程中会计分录再作变换，并在现金流量表主表报表项目中进行加计，完成现金流量表主表的编制工作。即将该段时期内的会计分录逐一按照现金流量表的报表项目进行再编制为“编制现金流量表的会计分录”，“编制现金流量表的会计分录”与一般的会计分录不同，“编制现金流量表的会计分录”加入了“现金流量表会计报表项目”，且仅依据“现金流量表会计报表项目”来编制现金流量表。在编制时，一般应该将会计分录中涉及借或贷“现金”的会计账户变换为“现金流量表会计报表项目”。仍以上述经济业务的会计分录为例，对于这笔会计分录，仅有“银行存款”是属于现金流量表中的“现金”范畴，因此，“银行存款”的增加会令核算单位的“现金”增加，这个会计分录可以变换为：

借：销售商品、提供劳务收到的现金　　11 700

　贷：主营业务收入　　10 000

应交税费——应交增值税（销项税额） 1 700

变换的会计分录即为“编制现金流量表的会计分录”，该种分录不能用来登记会计账簿，仅为编制现金流量表所用。进行变换后，该“编制现金流量表的会计分录”可以直接在当期的“销售商品、提供劳务收到的现金”会计报表项目中填入（或加计）11 700 元，在该“编制现金流量表的会计分录”中的“主营业务收入”、“应交税费——应交增值税（销项税额）”不能作为编制现金流量表的直接依据，也不能作为登记会计账簿的依据。

如果所有的会计分录都按照是否涉及现金流量表的“现金”进行判别且对符合条件的进行变换，然后填入现金流量表相应的会计报表项目中，则现金流量表的主表部分就填制完成了。

现金流量表的补充资料部分的一般采用间接法，间接法的主要内容在于将净利润调节为经营活动产生的现金流量，净利润与经营活动产生的现金流量两者的编制范围不一样，进行调节时应该考虑两者范围的不同。此处不再详细叙述补充资料部分的填制。

## 三、所有者权益变动表的编制

所有者权益变动表是核算单位编制的反映某一时期核算单位所有者权益结存、所有者权益变动数额的会计报表。尽管在所有者权益变动表中涉及时刻点的数额，但从所有者权益变动表中的主要内容来看，主要还是反映该年度的所有者权益的“变动”，因此，仍可认为所有者权益变动表主要是一个时期会计报表。

**表 10－8 所有者权益变动表**

所有者权益变动表

会企：04 表

编制单位： ______年度 单位：元

| 项目 | 本年金额 | | | | | | 上年金额 | | | | | |
|---|---|---|---|---|---|---|---|---|---|---|---|---|
| | 实收资本（或股本） | 资本公积 | 减：库存股 | 盈余公积 | 未分配利润 | 所有者权益合计 | 实收资本（或股本） | 资本公积 | 减：库存股 | 盈余公积 | 未分配利润 | 所有者权益合计 |
| 一、上年年末余额 | | | | | | | | | | | | |
| 加：会计政策变更 | | | | | | | | | | | | |
| 前期差错更正 | | | | | | | | | | | | |
| 二、本年年初余额 | | | | | | | | | | | | |
| 三、本年增减变动金额（减号以“－”号填列） | | | | | | | | | | | | |
| （一）净利润 | | | | | | | | | | | | |
| （二）直接计入所有者权益的利得和损失 | | | | | | | | | | | | |
| 1. 可供出售金融资产公允价值变动净额 | | | | | | | | | | | | |

（续上表）

| 项目 | 本年金额 | | | | | | 上年金额 | | | | | |
|---|---|---|---|---|---|---|---|---|---|---|---|---|
| | 实收资本（或股本） | 资本公积 | 减：库存股 | 盈余公积 | 未分配利润 | 所有者权益合计 | 实收资本（或股本） | 资本公积 | 减：库存股 | 盈余公积 | 未分配利润 | 所有者权益合计 |
| 2. 权益法下被投资单位其他所有者权益变动的影响 | | | | | | | | | | | | |
| 3. 与计入所有者权益项目相关的所得税影响 | | | | | | | | | | | | |
| 4. 其他 | | | | | | | | | | | | |
| 上述（一）和（二）小计 | | | | | | | | | | | | |
| （三）所有者投入和减少资本 | | | | | | | | | | | | |
| 1. 所有者投入资本 | | | | | | | | | | | | |
| 2. 股份支付计入所有者权益的金额 | | | | | | | | | | | | |
| 3. 其他 | | | | | | | | | | | | |
| （四）利润分配 | | | | | | | | | | | | |
| 1. 提取盈余公积 | | | | | | | | | | | | |
| 2. 对所有者（或股东）的分配 | | | | | | | | | | | | |
| 3. 其他 | | | | | | | | | | | | |
| （五）所有者权益内部结转 | | | | | | | | | | | | |
| 1. 资本公积转增资本（或股本） | | | | | | | | | | | | |
| 2. 盈余公积转增资本（或股本） | | | | | | | | | | | | |
| 3. 盈余公积补亏 | | | | | | | | | | | | |
| 4. 其他 | | | | | | | | | | | | |
| 四、本年年末余额 | | | | | | | | | | | | |

所有者权益变动表的编制是根据上年度的所有者权益变动表、本年度所有者权益变动的情况进行填列的。

## 复习思考题

1. 财务会计报告的概念是什么？
2. 财务会计报告的作用如何？
3. 资产负债表的概念是什么？
4. 资产负债表的填列方法如何？
5. 利润表的概念是什么？
6. 利润表的填列步骤有哪些？
7. 现金流量表的概念是什么？
8. 现金流量表主表的填列方法有哪些？
9. 现金流量表补充资料部分填列方法有哪些？
10. 所有者权益变动表编制时依据的数据有哪些？

## 练习题

### 一、单项选择题

1. 资产负债表是（　　）报表。

A. 时刻点　　B. 时期

C. 与时间没有关系　　D. 不定

2. 利润表是（　　）报表。

A. 时刻点　　B. 时期

C. 与时间没有关系　　D. 不定

3. 资产负债表的格式是（　　）。

A. 报告式　　B. 账户式　　C. 单步式　　D. 多步式

4. 利润表的格式是（　　）。

A. 报告式　　B. 账户式　　C. 单步式　　D. 多步式

5. 现金流量表主表部分的填列方法是（　　）。

A. 直接法　　B. 间接法　　C. 估计法　　D. 预测法

### 二、多项选择题

1.（　　）是资产负债表的填列方法。

A. 根据总账账户的余额直接填列

B. 根据几个总账账户的余额计算填列

C. 根据总账对应的明细分类账户的余额分析填列

D. 根据主账户与附属账户的余额计算填列

2. 多步式利润表的填列步骤中包括（　　）。

A. 净利润　　B. 营业利润

C. 利润总额　　D. 非流动资产合计

3. 现金流量表的“现金”包括（　　）。

A. 库存现金　　B. 银行存款

C. 其他货币资金　　D. 短于三个月变现的有价证券

4. 现金流量表中，包括填列（　　）等。

A. 主表部分　　B. 资产

C. 补充资料部分　　D. 所有者权益内部结转

5. 从主要内容来看，属于动态会计报表的是（　　）。

A. 资产负债表　　B. 利润表

C. 现金流量表　　D. 大学生到课表

## 三、会计报表编制

1. 资产负债表的编制

| 账户名称 | 借方余额 | 账户名称 | 贷方余额 |
|---|---|---|---|
| 库存现金 | 3 000 | 短期借款 | 2 000 000 |
| 银行存款 | 11 298 000 | 应付账款 | 1 000 000 |
| 应收账款 | 2 700 000 | ——P 单位 | -2 000 000 |
| ——K 单位 | 1 200 000 | ——Q 单位 | 3 000 000 |
| ——L 单位 | 1 500 000 | 预收账款 | 7 000 000 |
| 坏账准备 | -8 100 | ——R 单位 | 2 000 000 |
| 预付账款 | 5 000 000 | ——S 单位 | 5 000 000 |
| ——M 单位 | 3 500 000 | 应交税费 | 200 000 |
| ——N 单位 | 1 500 000 | | |
| 原材料 | 3 000 000 | | |
| 材料成本差异 | 30 000 | 实收资本 | 30 000 000 |
| 库存商品 | 9 000 000 | 资本公积 | 3 500 000 |
| 固定资产 | 50 000 000 | 盈余公积 | 3 000 000 |
| 累计折旧 | -30 000 000 | 本年利润 | 5 022 900 |
| 生产成本 | 1 000 000 | 利润分配 | 300 000 |
| 资产总计 | 52 022 900 | 负债及所有者权益总计 | 52 022 900 |

2. 利润表的编制

结转到本年利润前各损益类会计账户的借贷方发生额差额表

| 会计账户名称 | 借方差额 | 会计账户名称 | 贷方差额 |
|---|---|---|---|
| 主营业务成本 | 3 500 000 | 主营业务收入 | 8 000 000 |
| 其他业务成本 | 300 000 | 其他业务收入 | 500 000 |
| 营业税金及附加 | 600 000 | 营业外收入 | 200 000 |
| 管理费用 | 700 000 | 投资收益 | 0 |
| 财务费用 | 150 000 | | |
| 销售费用 | 250 000 | | |
| 营业外支出 | 500 000 | | |
| 资产减值损失 | 150 000 | | |
| 所得税费用 | 637 500 | | |

“营业外支出”中没有“非流动资产处置损失”，只有普通股100万股，没有“投资收益”。